Qatar

GUIDE PRATIQUE 2016

S'installer, travailler, sortir

Éditions Phalente

Préface

Doha se façonne tous les jours au gré des chantiers. Mais peut-être que plus que dans toute autre ville du Moyen-Orient, tradition et modernité cohabitent joyeusement, parfois de façon improbable, rendant la ville encore plus attachante.

Pour vous y retrouver dans ce dédale de pierre, de verre et d'acier, peu d'éléments peuvent vous aider : la communication se fait essentiellement par oral, tout le monde ne maîtrise pas l'arabe ou l'anglais, et les adresses avec numéro et nom de rue sont quasiment inexistantes. Trouver une école, un emploi pour le conjoint, un médecin francophone, ou tout simplement un coiffeur peut s'avérer fastidieux. C'est pourquoi des habitants de Doha ont pris l'initiative de rédiger ce guide, pour partager avec vous leurs conseils, leurs bonnes adresses et leurs coups de cœur.

C'est avec ce même esprit d'entraide que nous, Doha Accueil, accompagnons les nouveaux arrivants pendant leur installation, en répondant à leurs questions, en leur faisant découvrir la ville, en animant des événements sociaux ou des activités culturelles, artistiques et sportives pour que les francophones se retrouvent. Association à but non lucratif gérée par des bénévoles, notre mission est de faciliter l'intégration de tous les francophones de Doha, quel que soit leur pays d'origine. Il nous a donc paru naturel de nous associer à *Qatar Actu* pour la publication et la distribution de ce recueil.

Toute l'équipe de Doha Accueil vous souhaite une excellente intégration au Qatar.

Sandrine Lescaroux
Présidente de Doha Accueil
http://www.dohaaccueil.com/

Édito

Il y a encore quelques années, un grand nombre d'entre nous ignorait le nom du Qatar. Aujourd'hui, il est sur presque toutes les lèvres. Les projets pharaoniques ne manquent pas : le métro prévu pour 2017, le complexe hospitalier SIDRA, le Musée national, Lusail City - ville conçue tout spécialement pour la coupe du monde 2022 -, le nouveau centre-ville de Msheireb, le développement d'Education City, l'essor du pôle recherche et développement du Qatar Science Technology Park (QSTP)... La liste est longue !

Alors que la population du Qatar ne s'élevait qu'à 25 000 âmes en 1950, elle dépasse aujourd'hui les 2 millions d'habitants, avec une proportion d'étrangers représentant 70 à 80 % de la population totale (les indiens étant la population la plus représentée). Il existe donc de nombreux guides anglophones destinés aux résidents qui souhaitent s'installer dans le pays, mais curieusement aucun n'est écrit en français, à l'exception des guides touristiques.

Qatar Actu a souhaité pallier cette lacune en publiant le Guide pratique du Qatar, destiné à ceux qui souhaitent vivre dans le pays et aux 200 000 francophones (chiffres OIF) qui y séjournent déjà. Un guide pratique écrit par des résidents pour des résidents et qui aborde les thèmes de la vie de tous les jours : s'installer, se loger, se soigner, travailler et faire des affaires, étudier, sortir, participer à la vie sociale...

Afin de mieux répondre à vos besoins, cette seconde édition a été considérablement enrichie.
Pour actualiser les informations contenues dans ce guide, rendez-vous sur le site Qatar Actu.

Venez partager avec nous vos coups de cœur sur la page Facebook de Qatar Actu ou écrivez-nous à qataractu@gmail.com

Bonne consultation !

Patricia Gendrey
Directrice éditoriale Qatar Actu
http://qataractu.com/

Contributeurs

Caroline Coens

Diplômée d'École de Commerce avec une spécialisation en affaires internationales, Caroline Coens réside dans le Golfe depuis 6 ans, à Dubaï auparavant et à Doha maintenant.
De par ses fonctions successives en Chambre de Commerce, à Business France et au French Business Council, elle accompagne les entreprises françaises souhaitant développer leur courant d'affaires dans la région du Golfe.

Céline Daniel

De la Guyane au Qatar en passant par le Liban, le Chili, l'Australie et les États-Unis, la vie de Céline Daniel est rythmée depuis sa plus tendre enfance par les voyages. Désireuse de s'imprégner de nouvelles cultures, l'auteur cherche à être au plus proche des populations : volontaire dans un orphelinat au Chili, en charge de l'accompagnement d'enfants atteints de cancer en Australie ou encore organisatrice d'événements en Australie et à Los Angeles.
Céline Daniel participe aujourd'hui à l'administration d'un forum destiné aux francophones : « Merci Doha ! Forum des francophones au Qatar ».

Karine Jammal
Diplômée en Sciences politiques de l'Université Saint Joseph à Beyrouth, Karine Jammal a été journaliste pendant six ans à l'Orient-Le Jour, l'unique quotidien libanais d'informations en langue française.
Elle vit aujourd'hui au Qatar et travaille dans l'événementiel.

Patricia Gendrey
Éditeur depuis de nombreuses années, Patricia Gendrey anime le site francophone d'actualités culturelles, Qatar Actu.
Résidente depuis deux ans à Doha, Patricia Gendrey est également Conseiller consulaire des français résidant au Qatar et à Bahreïn.

Crédit photo : Guillaume Dimanche
Artiste et graphiste, Guillaume Dimanche réside au Qatar.
Diplômé des Beaux-arts de Poitiers et de Paris en art vidéo et numérique, ce touche à tout est à la fois, enseignant, photographe, plasticien digital et transmédia.

Éditions Phalente – 23, rue Jean-Jacques Rousseau – 75001 Paris
ISBN 978-2-36835-117-8

Qatar

GUIDE PRATIQUE 2016

S'installer, travailler, sortir

Le Qatar en bref

Ce petit pays qui a tout d'un grand étonne par l'ampleur de ses projets, car le Qatar est sur tous les fronts. Les chantiers ne manquent pas de panache : de la grande bibliothèque, en passant par le Musée national, le Complexe hospitalier Sidra à la pointe des nouvelles technologies, sans oublier le métro de Doha ; la liste est longue. Vous l'aurez compris, le Qatar veut atteindre les objectifs qu'il s'est fixés et s'en donne les moyens !

Situation géographique

Le Qatar est une presqu'île de 11 437 km² située sur la rive sud du Golfe Persique. Au sud, le pays partage sa frontière avec l'Arabie Saoudite et au nord-ouest, une frontière maritime le sépare du royaume de Bahreïn. Le pays s'étend sur 160 km de longueur et seulement 80 km dans sa plus grande largeur.

La langue officielle du pays est l'arabe et la seconde langue couramment utilisée est l'anglais. La monnaie officielle est le Riyal Qatari (1 euro équivaut approximativement à 4 riyals).

Le climat y est désertique, il faut compter sur de grosses chaleurs de fin mai à début octobre, avec des pics d'humidité allant jusqu'à 85 % en été. Les températures maximales peuvent atteindre les 50 degrés.

Doha, la capitale, concentre à elle seule plus de la moitié de la population, la quasi-totalité des infrastructures hôtelières du pays, et abrite le Palais de l'Émir (Diwan Emiri).

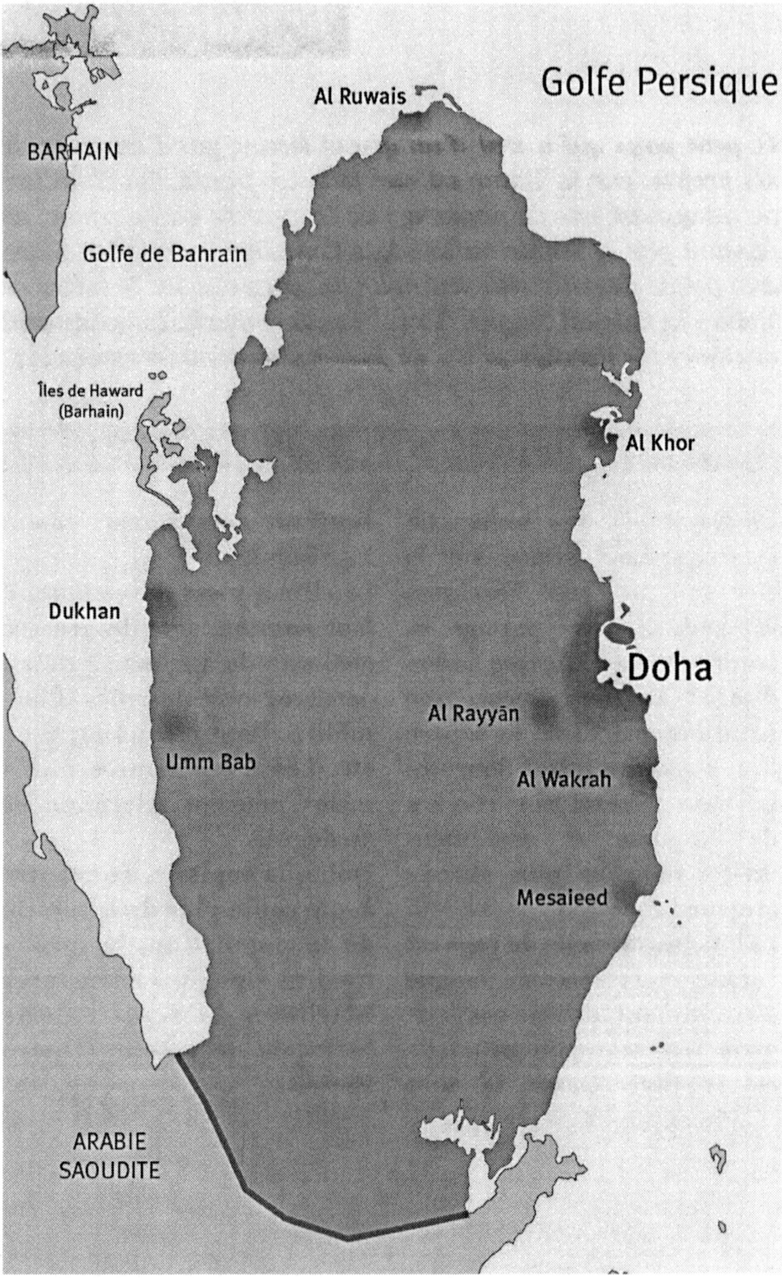

Qatar location map.svg Sous licence Public domain via Wikimedia Common
http://commons.wikimedia.org/wiki/File:Qatar_location_map.svg

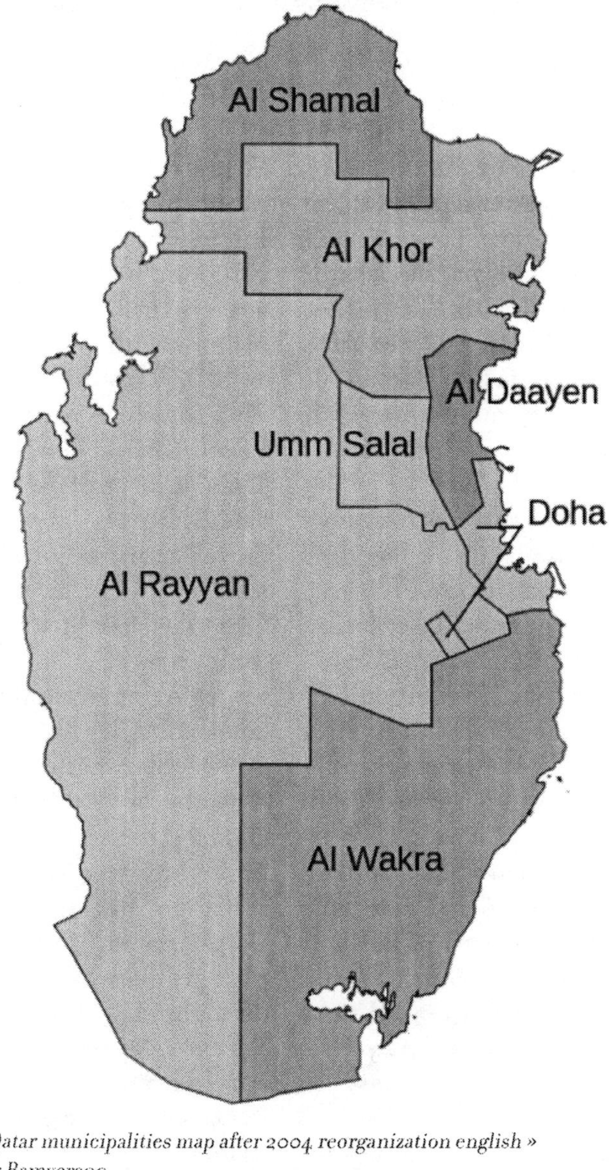

« Qatar municipalities map after 2004 reorganization english »
par Bamyers99
Self-made using OpenJUMP and Inkscape. Based on Explore Qatar GIS.
Sous licence Creative Commons Zero, Public Domain Dedication via Wikimedia Commons
http://commons.wikimedia.org/wiki/File:Qatar_municipalities_map_after_2004_reorganization_english.svg#mediaviewer/File:Qatar_municipalities_map_after_2004_reorganization_english.svg

Histoire et politique

Après la domination de l'Empire ottoman, l'émirat est devenu un protectorat britannique au début du xxe siècle, avant de gagner son indépendance en 1971. La péninsule est gouvernée par la famille Al-Thani depuis le milieu du xixe siècle. En juin 2013, l'Émir Khalifa ben Hamad Al-Thani a abdiqué en faveur de son fils, l'actuel Émir Tamim ben Hamad Al-Thani.

Après plusieurs années de rédaction, le Qatar se dote d'une Constitution en 2003. Le texte permet la création du Majlis Al-Shura (Conseil consultatif). Trente de ses 45 membres sont élus pour quatre ans au suffrage universel, les 15 autres étant nommés par l'Émir. La première élection du Conseil a eu lieu en 2004. Son rôle est, notamment, d'assister l'émir dans l'élaboration de nouvelles politiques. Il est à noter qu'au Qatar les partis politiques n'existent pas.

Le Qatar, après l'Arabie Saoudite, est le second pays du Golfe le plus fidèle aux traditions ; la plupart des Qataris suivent l'interprétation wahhabite de l'Islam. Cela étant, l'un des articles les plus novateurs de la Constitution pour cet émirat est celui qui garantit la liberté de culte, sans la restreindre aux religions monothéistes « du Livre » (article 50). Un complexe religieux a d'ailleurs ouvert ses portes, où les chrétiens notamment, peuvent se recueillir dans une église.

Plus tôt, en novembre 1996, l'Émir Khalifa ben Hamad Al-Thani avait inauguré la chaîne satellitaire Al Jazeera. Sa liberté de ton a secoué l'univers médiatique du monde arabe. Lors des révoltes du printemps arabe, la chaîne a joué un rôle primordial dans la couverture des événements.

Sur le plan militaro-diplomatique, les États-Unis et le Qatar signent, en décembre 2002, un accord de coopération militaire. La base d'Al Udeid devient alors l'une des plus grandes bases aériennes du monde.

Voulant développer son rôle sur la scène internationale, le Qatar est devenu membre associé de l'Organisation internationale de la francophonie (OIF) depuis le 13 octobre 2012. Il va par ailleurs accueillir la Coupe du monde de football en 2022.

DRAPEAU DU QATAR

Le drapeau national, adopté en 1749, était à l'origine rouge, à l'instar des autres pays de la péninsule arabique à l'époque de la domination anglaise. Sa couleur est devenue par la suite lie-de-vin.

De forme rectangulaire, sa largeur est 2,54 fois plus importante que sa hauteur, avec une proportion de 11 sur 28.
Il est divisé en deux bandes (blanche et lie-de-vin) qui se réunissent par un zig zag formant neuf pointes. Ces dernières représentent les neuf émirats du Golfe Persique : le Bahreïn, le Qatar et les sept Émirats Arabes Unis, soit Abou Dabi, Dubaï, Ajman, Charjah, Fujaïrah, Ras Al Khaïmah et Oumm al Qaïwaïn.

Vision 2030

Avant l'ère du gaz et du pétrole, le Qatar puisait ses richesses de la pêche et des huîtres perlières.
L'émirat est aujourd'hui le troisième producteur de gaz naturel du monde. Mais à la longue, les richesses vont s'épuiser, et pour parer à cette éventualité, le Qatar a mis en place la « Vision 2030 ».
En 2030, le Qatar vise à devenir une société évoluée capable de maintenir son développement et de fournir un niveau de vie élevé à ses habitants. La vision nationale qatarie est définie par les efforts du pays sur le long terme. C'est en outre un plan cadre où les stratégies nationales et leur exécution peuvent être développées.
Cette vision est basée sur quatre piliers de développement : économique, humain, environnemental et social.
Pour atteindre ses ambitions, l'Émir Khalifa ben Hamad Al-Thani et son épouse Sheikha Moza bint Nasser ont notamment créé la Fondation du Qatar (Qatar Foundation). Elle a pour mission, à travers l'Éducation et la Recherche, d'être le leader en matière de développement économique, social et humain du pays. La Fondation veut faire du Qatar un pays d'avant-garde dans la région et un modèle pour la communauté internationale.

FICHE TECHNIQUE

Superficie : 11 437 km²
Capitale : Doha
Villes principales : Al Wakrah, Al Khor, Al Rayyan, Mesaied, Umm Sala
Langue Officielle : arabe (les autres langues utilisées couramment dans le pays sont l'anglais et l'ourdou)
Monnaie : Riyal qatarien (QAR), 1 Euro = 4 QAR
Nombre d'habitants : environ 2 400 000 habitants
Chef d'État : Cheikh Tamim bin Hamad AL THANI
Régime politique : Émirat
Jours non travaillés : vendredi et samedi

Traditions et Culture

Le Qatar est un pays qui souhaite préserver ses traditions. Les Qataris ne portent que les habits locaux, l'abaya noire pour les femmes et le thobe blanc pour les hommes.
Les expatriés doivent veiller à leur tenue vestimentaire en public. Les gestes d'affection des conjoints (enlacer la taille, baiser volé...) sont également à proscrire en dehors de la sphère privée. Sachez par ailleurs que des conjoints non mariés ne peuvent habiter ensemble au Qatar (voir, ÉTIQUETTE).
Malgré l'application stricte de la charia, les expatriés ont le droit d'acheter et de consommer de l'alcool chez eux et dans certains hôtels 5 étoiles (voir, ALCOOL ET PORC).
Par ailleurs, l'émirat porte une attention particulière à la culture avec notamment la création du Qatar Museum qui chapeaute les différents musées du pays. Chaque année, plusieurs expositions internationales font les beaux jours des résidents et des touristes.

L'étiquette

Les pratiques culturelles au Qatar diffèrent considérablement d'un grand nombre de pays occidentaux. C'est ce qui constitue l'un des charmes d'une expatriation.

SE VÊTIR

Les Qataris portent le plus souvent les habits traditionnels. Les hommes sont vêtus d'une longue robe blanche (appelée taoub, gandourah ou dishdasha), leurs cheveux sont couverts d'un foulard blanc ou rouge, le Ghutra, qui est maintenu par un turban, l'agal. Les femmes portent une robe, l'abaya, un foulard noir, le Hijab, qui dissimule les cheveux, les oreilles et le cou ou un Niqâb qui couvre la totalité du visage à l'exception des yeux ; certaines recouvrent la totalité de leur visage. Il s'agit là d'un signe distinctif qui permet aux nationaux de s'affirmer comme Qataris et de se battre pour la sauvegarde de leur culture. Avec seulement 10 % de nationaux, il est important pour beaucoup de nationaux de protéger leurs traditions.

Les étrangers arrivant au Qatar s'interrogent donc sur la question de savoir comment s'habiller. Vous n'aurez pas à porter les vêtements traditionnels qataris.

• Messieurs, si vous vous rendez dans ce pays pour faire des affaires, abandonnez la chemise ouverte et le pantalon sportswear. Adoptez une tenue conventionnelle : costume et cravate. Oubliez tout ce qui est voyant ! La modestie est plus qu'un état d'esprit au Qatar, c'est une valeur.

• Mesdames, il est d'abord question de bon sens. Quand vous êtes invitées, vous vous pliez généralement aux us et coutumes de votre hôte. Eh bien, ici, c'est pareil. Dans ce pays, les femmes sont très couvertes, alors, la minijupe, le short, le legging et le décolleté plongeant sont bien sûr à proscrire. N'oubliez pas, le maître mot c'est la modestie. Évitez d'être trop voyante. Néanmoins, vous pouvez vous habiller sans trop de contraintes : des vêtements plutôt amples (la robe moulante est à éviter), les genoux et les épaules sont couverts. Vous pouvez donc porter un T-shirt à manches courtes, à la condition que ce ne soit pas un débardeur. C'est tout ! De la même manière, les hommes ne sont pas dispensés de couvrir leurs genoux et doivent éviter de porter un « Marcel ».

Une femme d'affaires devra porter des vêtements classiques. L'ourlet d'une robe ou d'une jupe devra être bien en dessous du genou et les bras couverts jusqu'au poignet. Pour ne pas se tromper, mieux vaut porter un tailleur avec une jupe ou un pantalon.

Une dernière chose, soyez particulièrement vigilant sur votre tenue vestimentaire durant la période du Ramadan.

LE REPAS

S'il y a une seule règle à retenir, c'est que la main gauche est considérée comme impure ici. Elle est considérée comme non hygiénique, car elle sert à la toilette. Les aliments doivent donc toujours être portés à la bouche avec la main droite, que ce soit à l'aide d'une fourchette ou sans (pour les fruits ou si vous êtes dans le désert, par exemple).

RELATIONS EN DEHORS DU MARIAGE

Le mariage est la règle absolue. Il est interdit d'entretenir des relations intimes si les deux partenaires ne sont pas légalement mariés. Dans le cas contraire, les contrevenants sont passibles d'une peine de prison. De même, une femme ne peut donner naissance à un enfant qu'à la condition d'être mariée. Il y a peu, une jeune maman a été condamnée à un an de prison ferme, car elle n'était pas en mesure de fournir à la maternité un certificat de mariage.
Enfin, les peines peuvent être très lourdes si l'un des partenaires entretien des relations hors mariage. L'adultère est très sévèrement puni.
Il n'est donc pas possible de faire bénéficier son concubin d'un permis de résidence pour la famille.

À NE PAS FAIRE EN PUBLIC DURANT LA PÉRIODE DU RAMADAN

Boire ou manger
Mâcher du chewing-gum
Fumer
Danser
Dire des gros mots
Porter des vêtements suggestifs
Écouter trop fort de la musique

Et de façon générale, les marques d'affection entre personnes de sexe opposé en public doivent être très largement évitées.

L'arrivée

Voilà, votre décision est prise, vous allez partir vivre au Qatar. La première vague d'excitation dissipée, il vous faut maintenant prendre les choses en main. Une expatriation se prépare. Si l'ensemble des formalités administratives sont prises en charge par la société qui vous accueille, tout va bien. Dans le cas contraire, il faudra être très organisé. Un rétroplanning s'impose !

Avant l'arrivée

Vous avez trouvé un emploi et vous allez bientôt vous installer au Qatar. Avant de partir, il faut que vous sachiez que vous allez devoir présenter plusieurs documents dont certains doivent être certifiés. Ne vous découragez pas, parce que les démarches sont assez longues. Pour chaque étape de votre installation, vos papiers vous seront demandés, que ce soit pour obtenir un visa, échanger ou repasser votre permis de conduire, demander l'installation d'une ligne téléphonique, souscrire une assurance médicale, inscrire vos enfants à l'école…

Les principaux documents à préparer sont : votre passeport, un extrait d'acte de naissance, un extrait d'acte de mariage (si vous êtes en couple, vous devez être impérativement mariés pour pouvoir vivre ensemble au Qatar), les extraits d'acte de naissance des enfants, ainsi que votre dernier diplôme.

Lorsque vous avez tous ces documents en main, faites en des copies et profiter d'être encore dans votre pays d'origine pour les faire certifier, ce sera sans doute plus simple. Votre Ministère des Affaires étrangères peut vous renseigner sur la procédure à suivre. En général, les documents doivent être certifiés par l'autorité compétente, le Ministère des Affaires étrangères et l'ambassade du Qatar implantée dans votre pays.

Vos documents doivent par ailleurs être traduits en anglais ou en arabe et la traduction doit elle aussi être certifiée.

Avant de partir, veillez à régler tout ce qui concerne vos finances. Si vous comptez transférer de l'argent depuis le Qatar, informez-vous des coûts des transactions et souscrivez à l'option de banque en ligne pour pouvoir gérer vos comptes depuis l'étranger.
Si vous avez contracté un crédit et que vous avez toujours des mensualités à payer, veillez également à prévenir l'autorité compétente de votre départ.
Informez en outre votre service des impôts que vous partez vivre à l'étranger.
Concernant votre nouveau logement, il faut savoir s'il sera meublé ou non pour que vous puissiez prendre les devants si vous devez expédier vos meubles.
Si vous avez des enfants, il faut prévoir à l'avance leur inscription dans un établissement scolaire, la liste d'attente étant souvent longue (voir, DÉMÉNAGEMENT).

Entrée dans le pays

Pour résider légalement dans le pays, les étrangers doivent être détenteur d'un visa ou d'un permis de résidence.
Outre les visas, le Qatar délivre deux grands types de permis :
• le permis permettant de travailler dans le pays ;
• le permis qui permet à votre famille de résider dans le pays.

VISAS

Visa de touriste

Les ressortissants de 33 pays peuvent obtenir un visa touristique d'un mois à l'arrivée à Doha, au moment du passage à l'immigration, sans formalités préalables :
Allemagne, Andorre, Australie, Autriche, Belgique, Brunei, Canada, Corée du sud, Danemark, Espagne, États-Unis, France, Grande Bretagne, Finlande, Grèce, Hollande, Hong-Kong, Irlande, Islande, Italie, Japon, Liechtenstein, Luxembourg, Malaisie, Monaco, Norvège, Nouvelle Zélande, Portugal, Saint Marin, Singapour, Suède, Suisse et le Vatican.
Si vous possédez la nationalité d'un de ces pays, il vous est possible de payer directement à votre arrivée à l'aéroport ou en réalisant les formalités administratives en ligne sur le site Hukoomi. Vous devez régler exclusivement par cartes de crédit ou de débit.

Vous pouvez aussi acquérir à l'aéroport une carte prépayée de la QNB pour 125 QR.
Si vous ne détenez pas la nationalité d'un de ces pays, il vous faudra obtenir un visa préalablement à votre arrivée. Il vous sera délivré par l'Ambassade du Qatar de votre lieu de résidence ou lors de votre réservation dans un hôtel agréé au Qatar (voir la liste sur le site Hukoomi).
Vous devrez payer 100 QAR par passeport et 20 QAR pour chaque personne figurant sur le passeport. Cette somme sera payée par carte bancaire à l'aéroport si vous avez la nationalité d'un des pays cités ci-dessus. Si vous souhaitez voyager librement entre le Qatar et Oman, il vous faudra demander un visa commun (Joint tourist visa).
Le visa peut être renouvelé une fois pour une durée d'un mois. Il vous en coûtera 200 QAR. Attention, évitez de dépasser la date d'expiration, car votre oubli s'élèvera à 200 QAR par jour expiré.
Les citoyens de Bahreïn, des Émirats arabes unis, du Koweït, du Sultanat d'Oman, de l'Arabie saoudite et les résidents des pays du Conseil de coopération des États arabes du Golfe (CCG) occupant une profession qui figure sur la liste des emplois approuvés par le ministère de l'intérieur du Qatar, pourront renouveler pour deux mois, le visa d'un mois reçu à leur arrivée.
Les titulaires d'un visa de touriste ne sont pas autorisés à travailler dans le pays.

S'INFORMER

Plusieurs médias, vous permettront de rester toujours au fait de l'actualité au Qatar.

Pour les médias francophones, rendez-vous sur :
Oryx Fm : la radio francophone au Qatar (94 FM).
Qatar actu : le magazine en ligne de l'actualité culturelle, de l'éducation et des entreprises. Le site publie une newsletter hebdomadaire gratuite qui donne des informations sur ce qu'il est possible de faire à Doha pour le week-end et la semaine suivante : **www.qataractu.com**
Vivre au Qatar : site d'informations collaboratif sur lequel vous trouverez en particulier des rubriques pratiques et une section consacrée aux petites annonces : **www.vivreauqatar.com**

Les médias anglophones sont très nombreux.
Citons, sans être exhaustif :
Doha News : sans doute le fil d'informations préféré des expatriés. Animé par une équipe de journalistes professionnels, vous trouverez des articles sur les questions politiques et sociales au Qatar : **www.dohanews.com**
I love Qatar : **www.iloveqatar.net**
Qatar living : **www.qatarliving.com**

Il existe également de nombreux sites spécialisés :
Doha Mums : vous trouverez notamment des informations sur les crèches, les camps d'été, les activités pour les enfants. L'équipe organise des réunions thématiques, telles que celles consacrées aux femmes enceintes : **www.dohamums.com**
Expat Woman : **www.expatwoman.com/qatar/**
Qulture : actualité culturelle et de l'art de vivre au Moyen-Orient : **www.qulture.com**

Dans la catégorie Forums, notons :
Merci Doha-Forum des français au Qatar : géré sur Facebook, ce groupe très récent peut se targuer d'avoir dépassé les 2 000 membres.
Expat Blog : le site met à disposition de la communauté expatriée un forum. Expat Blog est populaire parmi les candidats à l'expatriation au Qatar.
When, Where and How in Doha : groupe anglophone d'entraide très actif géré sur Facebook, ayant dépassé les 23 000 membres.
Buy it, sell it, love it Qatar : groupe anglophone public géré sur Facebook, comptant plus de 55 000 membres. À consulter lors de votre arrivée pour glaner des objets à acheter.

Visa pour voyage d'affaires

Ce visa permet aux étrangers de venir pour affaires ou pour travailler de manière temporaire dans le pays.

Si votre voyage est de très courte durée, vous pourrez demander à votre arrivée, lorsque vous passerez par le comptoir d'immigration, un visa de 72 heures qui pourra être prolongé une fois pour la même durée. Vous devrez néanmoins présenter un document prouvant que vous venez pour affaires.

Un visa de trois mois peut aussi être délivré. Dans ce cas, l'entreprise qui vous accueille devra se charger des formalités avant votre arrivée.

N'oubliez pas de vous munir d'une lettre de votre employeur qui prouvera le but de votre séjour, elle sera à présenter à votre arrivée à l'aéroport.

Le visa coûte 200 QAR et 50 QAR pour chaque personne figurant sur le passeport. Il est valide pour un mois et renouvelable pour 2 mois pour 200 QAR supplémentaires. Une pénalité de 200 QAR par jour de retard sera appliquée si vous ne renouvelez pas votre visa dans les délais.

Vous pouvez réaliser les formalités d'obtention du visa sur le site Hukoomi du gouvernement.

Visa de visite pour la famille

La famille d'un résident sponsorisé peut entrer au Qatar pour une visite familiale de courte durée.

Le visa est valable pendant un mois. Si vous souhaitez une prolongation, il faudra vous plier à une visite médicale dans les 72 heures qui suivent votre arrivée.

La durée totale ne peut excéder six mois. Dans le cas contraire, il faudra demander un visa pour la résidence permanente de la famille (Voir, Permis de résidence).

De nombreux documents sont nécessaires :

- le formulaire de demande de visa ;
- la copie de l'ID du résident (carte d'identité locale) ou du passeport ;
- une lettre de l'employeur spécifiant l'emploi occupé par le résident et son salaire ;
- fournir la preuve du lien familial : acte de mariage, certificat de naissance… ;
- copie du bail du résident. Son nom doit clairement figurer sur l'acte de location.

Vous devrez déposer la demande au Bureau Principal de l'Immigration du Ministère, situé à l'ouest de la D-Ring Road sur la rue Al Luqta (route de la Qatar Foundation).

L'administration vous demandera d'acquitter la somme de 200 QAR pour vous-même et 50 QAR pour chaque personne figurant sur le passeport. Le visa est valable un mois et peut être étendu pour 200 QAR supplémentaires par mois.

Vous pouvez télécharger le formulaire sur le site de l'administration en ligne du gouvernement, Hukoomi.

Visa d'étudiant

Pour obtenir un visa étudiant, il faut détenir préalablement une confirmation d'admission dans un établissement.

Votre visa sera alors valable un mois, à compter de votre entrée sur le territoire.
Vous disposerez donc d'un mois pour réaliser toutes les formalités (Voir, Permis de résidence) nécessaires : examen médical, groupe sanguin, relevé des empreintes digitales. Vous devrez être muni d'une lettre de l'établissement tenant lieu de sponsor, la lettre d'admission, trois photos, une copie de votre passeport, la preuve que vous pouvez subvenir à vos besoins, notamment. Il est à noter que pour étudier à la Qatar University, l'établissement demande un dépôt de garantie de 20 000 QAR remis en séquestre dans une banque au Qatar pendant 2 ans.

UNE NOUVELLE CARTE D'IDENTITÉ POUR LES RÉSIDENTS

Désormais, la nouvelle carte d'identité (ID) permettra d'attester de l'identité de son détenteur et de l'autorisation de résidence. Néanmoins, tout ne se fera pas en un jour, mais graduellement. À compter du 15 juin 2015, cette nouvelle carte sera délivrée aux nouveaux arrivants et aux résidents devant procéder à son renouvellement.

Autre changement, les enfants entrent désormais dans le champ d'application de la nouvelle législation. Ils doivent donc être eux aussi détenteur de cette carte. Cette modification n'est pas anodine, elle implique que chaque enfant ait son propre passeport ; ils ne peuvent donc plus figurer sur celui de leurs parents. Toutefois, pas de panique ! Cette disposition n'est applicable qu'au moment du renouvellement.

Bon à savoir

LES DÉTENTEURS DE LA NOUVELLE CARTE ID DEVRONT PRÉSENTER À L'AÉROPORT DE DOHA, À CHAQUE PASSAGE DE L'IMMIGRATION, LEUR PASSEPORT ET LEUR ID.
Pensez donc à l'avoir toujours avec vous !

PERMIS DE RÉSIDENCE

Pour séjourner de façon permanente, vous devez obtenir un permis de résidence. Les formalités diffèrent en fonction de votre statut : salarié ou conjoint d'un employé au Qatar, par exemple.

Afin d'obtenir le permis de séjour sur le territoire, vous devrez effectuer quelques formalités préalables :

D'abord, vous vous rendrez à la Medical Commission pour réaliser une radio des poumons attestant que vous n'êtes pas atteint de la tuberculose et des tests sanguins qui confirmeront que vous n'êtes pas contaminé par le virus du HIV, de l'hépatite B ou C. Hommes et femmes sont examinés dans des lieux séparés. Si la personne désignée par votre entreprise pour vous aider à réaliser les formalités est du sexe opposé, elle ne pourra pas vous accompagner. Néanmoins, ne vous inquiétez pas, si vous possédez des rudiments d'anglais, vous pourrez facilement vous faire comprendre.

Voici comment se déroule la procédure : la personne chargée de l'accueil située près de la porte d'entrée vous remettra un numéro. Il vous faudra ensuite patienter dans le hall. Un petit conseil, il est préférable de se rendre à la Medical Commission dans l'après-midi, car vous passerez plus rapidement. Quand vous serez appelé, vous prendrez alors la direction d'un guichet. L'employé vérifiera l'ensemble de vos documents et vous prendra en photo.

Vous devrez ensuite acquitter la somme de 100 QAR. Pensez donc à vous munir d'une carte bancaire.

Puis, il vous faudra aller dans la salle d'attente pour réaliser votre radio, et faire vos tests sanguins. Ne soyez pas choqué, généralement les examens sont réalisés en groupe, il n'y a donc que très peu d'intimité. Si vous souhaitez obtenir un service plus personnalisé, vous pouvez vous rendre dans l'un des trois hôpitaux habilités par le Qatar Supreme Council of Health : Al Ali Hospital, Al Emadi Hospital et le Doha Clinic Hospital.

Vous devrez ensuite patienter environ une petite semaine pour connaître le résultat de vos tests.

Avant-dernière étape, vous rendre dans un établissement pour définir votre groupe sanguin. De nombreux centres de soins peuvent le faire, vous aurez donc l'embarras du choix.

Enfin, la dernière étape consiste à relever vos empreintes digitales. Là encore, mieux vaut vous y rendre l'après-midi afin de passer plus rapidement. Pour connaître la liste des endroits habilités, rendez-vous sur le site du Ministère de l'Intérieur du Qatar.

LES CONSEILLERS CONSULAIRES : UNE AIDE AUX FRANÇAIS DU QATAR

Depuis 2014, trois conseillers consulaires ont été élus pour représenter la communauté française établie au Qatar et à Bahreïn.

Dotés d'un mandat de 6 ans, ils participent à la mise en œuvre des politiques conduites pour les français de l'étranger (enseignement, aide sociale, emploi...).
Si vous êtes de nationalité française et vous rencontrez des difficultés sur le territoire, n'hésitez pas à les contacter.
Les conseillers consulaires tiennent des permanences tous les lundis, de 12h à 14h, dans les locaux de l'Institut Français du Qatar (135 Al Inshirah Street).

Email : cc.qatar.bahrein@gmail.com

PERMIS DE TRAVAIL

Ce permis est accordé aux expatriés qui obtiennent un contrat de travail au Qatar. Les formalités sont généralement effectuées par l'employeur en tant que sponsor.
Attention, durant la période de conversion d'un visa business, par exemple, en un permis de travail, le collaborateur ne peut quitter le pays.
Le permis de résidence est généralement accordé en six semaines pour une durée variant de 1 à 3 ans.

Formalités d'obtention

Il convient de joindre au formulaire de demande de permis de travail les documents suivants :

• les diplômes et les documents justifiant de la qualification professionnelle du candidat ;

Bon à savoir

IL EST PLUS SIMPLE DE FAIRE LÉGALISER PLUSIEURS COPIES DE VOS DIPLÔMES AVANT VOTRE DÉPART AUPRÈS DES AUTORITÉS HABILITÉES.

- la preuve qu'il a effectué les formalités médicales et déposé ses empreintes digitales ;
- la copie de l'acte de mariage et les certificats de naissance, s'il y a lieu.

Si vous êtes sponsorisé par un particulier, votre employeur devra régler la somme de 352 QAR et, s'il s'agit d'une entreprise, 1 052 QAR. Les formalités peuvent être réalisées en ligne sur le site Hukoomi du gouvernement.

Formalités de renouvellement

À l'échéance de votre permis, vous pourrez le renouveler et effectuer les formalités en ligne. Les frais de renouvellement sont moins élevés puisque l'employeur ne devra acquitter que 50 QAR.

Des redevances annuelles devront néanmoins être versées :

CATÉGORIES	MONTANT DE LA REDEVANCE
Épouse et enfants jusqu'à 18 ans et le sponsor de la famille	500 QAR
Enfants de moins de 18 ans	300 QAR
Salarié d'une entreprise, d'une institution ou d'un magasin	1 000 QAR
Salarié employé par des particuliers	300 QAR
ID (pièce d'identité)	50 QAR

Bon à savoir

POUR ALLER PLUS LOIN SUR LA LÉGISLATION RELATIVE À L'IMMIGRATION, VOIR LA LOI DE 2009 (LAW N°4 OF 2009 REGULATING EXPATRIATES)
http://gulfmigration.eu/qatar-law-no-4-of-2009-regulating-expatriates-entry-exit-residence-and-sponsorship/

PERMIS DE RÉSIDENCE POUR LA FAMILLE

Les membres d'une famille, y compris les nourrissons, doivent détenir un visa pour résider au Qatar. Cette autorisation est délivrée à titre individuel. Pour entrer, le salarié devra parrainer sa famille. Toutefois, un permis de résidence de longue durée n'est possible que si l'employé peut justifier d'un revenu mensuel de 10 000 QAR au minimum.

Les candidats au regroupement familial sont tenus de présenter certains documents et, en particulier, l'acte de mariage et les certificats de naissance authentifiés, une lettre de non-objection du sponsor et un certificat remis par l'employeur prouvant le montant des revenus. La famille devra, à l'exception des enfants, effectuer également un examen médical et se soumettre aux formalités de prélèvement d'empreintes.

L'épouse d'un salarié résidant dans le pays est autorisée à travailler sans permis de travail. Il lui suffit de demander au conjoint de devenir sponsor.

L'ENREGISTREMENT AU CONSULAT

En fonction de votre pays d'origine, vous serez ou non dans l'obligation de vous inscrire au Consulat. Quel que soit la législation, l'inscription consulaire peut conférer certains avantages :

L'accès à des prestations sociales : bourses scolaires ou aides par exemple ;

L'accélération de vos formalités administratives : passeport, carte d'identité...

L'assistance consulaire dans des situations d'urgence ;

L'inscription sur les listes électorales ;

La preuve de votre situation de résident fiscal à l'étranger.

Renseignez-vous auprès de votre ambassade, voir notre partie Annuaire.

PERMIS DE CAMPER

Les citoyens et résidents qui souhaitent camper à long terme dans le désert durant la saison du camping devront obtenir un permis. La saison débute généralement en octobre et s'achève en avril.
Le formulaire d'autorisation de camper peut être téléchargé en ligne ou obtenu auprès du Ministère de l'environnement. Les campeurs devront payer une caution.

PERMIS POUR LA PRESSE

Les médias étrangers doivent demander un permis de visite préalablement à leur entrée au Qatar. Ils doivent présenter à la douane les équipements techniques dont ils auront besoin, comme les appareils photos.
Les médias locaux qui souhaitent faire travailler un cameraman étranger devront également soumettre une demande en remplissant un formulaire, accompagné de deux lettres, l'une du sponsor et l'autre de l'entreprise.

Qatar news agency
Tél. : +974 44 450 205
Email : qatarnews@qna.org.qa

Les résidents au Qatar sont amenés à bouger et circuler fréquemment. De l'installation qui requiert de faire appel à des professionnels du déménagement, aux nombreuses allers et venues d'un point à l'autre du pays, les questions liées au transport sont nombreuses.

Transports

Le système de transport en commun n'est pas encore très développé. Le métro ne sera mis en service que dans quelques années. La compagnie Mowasalat propose néanmoins un service de bus comprenant quelques lignes utilisées principalement par la main d'œuvre ne disposant pas de voitures personnelles. En outre, durant l'été, il peut s'avérer rude de patienter à l'arrêt d'autobus. Les taxis, les services de limousines ou la voiture individuelle sont les moyens de transport les plus adaptés.

COMPAGNIES AÉRIENNES

Si vous souhaitez acheter un billet, pensez à comparer les prix. Ceux-ci varient de manière importante d'une compagnie à l'autre.

Air France-KLM

Les vols Air France sont opérés par la compagnie néerlandaise KLM.

Rawdat al Khail Road
(près de la chambre de commerce)
Tél. : +974 4321 208/209/210.

Qatar Airways

La compagnie dessert de nombreuses capitales. Elle possède plusieurs bureaux dans la ville.

City Center
Tél. : +974 4449 6666
The Pearl
Tél. : +974 4418 6932

COMPAREZ ET ACHETEZ VOS BILLETS D'AVION SUR INTERNET

Les sites web d'achat de billets en ligne sont nombreux. Consultez-les et comparez :

Bourse des vols : http://www.bourse-des-vols.com/
Google flights : https://www.google.fr/flights/
Kayak : http://www.kayak.com/
Liligo : http://www.liligo.com/
O meilleurs prix : http://www.omeilleursprix.com/
Opodo : http://www.opodo.com/
Skyscanner : http://www.skyscanner.net/

TAXIS ET LIMOUSINES

Les taxis sont gérés par la compagnie nationale Mowasalat qui dirige également les compagnies de bus et de limousines sous le nom de Karwa.
Les taxis de couleur turquoise sont très reconnaissables et sont tous climatisés. Il faut compter un minimum de 1,20 QAR au compteur puis 1,20 par kilomètre dans Doha et 1,80 à l'extérieur de Doha.
Pour l'aéroport, le montant moyen pour se rendre à Doha est de 70 QAR.
La compagnie propose aussi un service de limousines qui peuvent être réservées aux mêmes numéros que pour les taxis.
Réservation : +974 44 588 888
Aéroport : +974 44 626 858

LES APPLICATIONS QUI AMÉLIORENT VOTRE TRANSPORT

Uber : la célèbre société est installée depuis peu au Qatar. Elle met en contact des chauffeurs avec des clients. Pour bénéficier de ce service, il vous suffit de télécharger l'application.
Google map : vous connaissez cette application qui est bien pratique au Qatar et se substitue aisément à un GPS.
WaZe : avec cette application, vous pourrez trouver votre chemin et localiser les radars.

BUS

En attendant le métro qui est en cours de construction et qui ne verra pas le jour avant 2017, la compagnie nationale met à disposition un service de bus. Bien que très peu utilisés par les expatriés qui préfèrent utiliser leurs propres véhicules, il existe néanmoins de nombreuses lignes.

Karwa Bus

Pour bénéficier de tarifs préférentiels, vous pouvez vous procurer la Karwa smartcard pour 30 QAR, disponible dans les machines automatiques d'Ooredoo ou à Al Ghanim bus station.

Sans la carte, il vous faudra compter au plus 4 QAR pour un trajet dans la capitale et 9 QAR en dehors de Doha.
Pour consulter les horaires et connaître les lignes de bus disponibles, rendez-vous sur la page des bus de la compagnie Mowasalat.
Site : **www.mowasalat.com/en/portal**

West Bay Bus

Comme nous le disions plus haut, les transports collectifs sont peu développés à Doha. Néanmoins, la compagnie Mowasalat vient de mettre en service deux nouvelles lignes de Bus dans le district de West Bay.

La première ligne dessert notamment City Center, la Corniche et la poste ; la seconde ligne s'arrête à City center, Al Bidda Street et le stade Khalifa. Les deux lignes confondues comptent 36 arrêts. Ce nouveau service est fort utile aux touristes, car les bus s'arrêtent dans les principaux hôtels.
14 bus sont en service, 7 jours sur 7. Ils passent de 6 h à minuit et le temps d'attente entre chaque véhicule est de 15 minutes.
Le plan de bus est à télécharger sur le site de Mowasalat :
Site : **http://www.mowasalat.com/en/portal**

Mathaf Bus

Ces bus relient le Musée d'Art Islamique au Mathaf, c'est-à-dire la Corniche à Education City.

Le service commence à 11h et s'achève à 17h, du mercredi au dimanche (15h à 20h le vendredi). Les bus passent à des intervalles de 25 à 35 minutes. Et ce qui ne gâche rien, ils sont gratuits.

Doha Bus

Ce service de bus permet de visiter les principaux endroits touristiques de la ville :

pour 162 QAR pour les adultes et 81 QAR pour les enfants.

VOITURES

Location de voitures

Toute personne titulaire du permis international peut conduire un maximum de 7 jours au Qatar.

Au-delà de ce délai, il conviendra de vous rendre au Traffic Department. Vous pourrez alors conduire pendant une durée maximale de six mois. À l'issue de ce délai, le permis qatarien est requis.

Comparez les différents contrats, notamment en fonction du montant de la franchise en cas d'accidents, ce montant varie largement en fonction de la société choisie.

Compagnies	Téléphone
al muftah	+974 44 634 444
avis	+974 44 622 180
budget	+974 44 153 048
europcar	+974 44 440 677
Hertz	+974 44 153 072
mustafawi	+974 4462 1542
Prestige	+974 3336 7278
regency	+974 4415 3086
Sixt	+974 4462 6780
Thrifty	+974 4466 6655
U-Save	+974 4459 2200

Acheter une voiture au Qatar

Vous êtes installé et vous commencez à prendre vos marques dans votre nouveau pays d'accueil, il est temps de passer à l'étape suivante et d'acheter une voiture.

Pour ce faire vous avez besoin de votre carte d'identité qatarienne. Attention, vous ne pourrez pas conduire votre nouvelle voiture avec un permis international ; vous devez donc impérativement disposer d'un permis qatarien.

Pour l'achat d'une voiture, deux options s'offrent à vous : l'achat d'une voiture neuve ou d'occasion.

Vous pourrez acheter une voiture neuve chez un concessionnaire ou un revendeur agréé (vous trouverez ces derniers, notamment sur Salwa road).

Vous avez le choix entre la payer en liquide ou contracter un prêt auprès de votre banque.

Lorsque vous payerez en liquide, il se peut que le

concessionnaire vous fournisse une assurance avec la voiture. Vérifiez ce point, sinon vous devrez vous-même la contracter.

Lorsque vous acheter une voiture neuve, le concessionnaire ou le revendeur agréé prend en charge l'émission de la carte grise du véhicule.

S'agissant d'une voiture d'occasion, comme pour une voiture neuve, vous pourrez l'acheter soit chez un concessionnaire, soit chez un revendeur agréé, à la différence que vous pourrez aussi l'acheter auprès d'un particulier.

Dans les deux premiers cas, vous pourrez payer en liquide ou contracter un crédit. Vous n'aurez pas à vous soucier de la carte de grise.

En revanche, si vous achetez une voiture à un particulier, la plupart du temps la transaction se fera en liquide, et vous devrez aller avec le vendeur au « traffic department » pour avoir une carte grise à votre nom.

Bon à savoir

VOUS TROUVEREZ DES ANNONCES DE VOITURES D'OCCASION SUR LES SITES QATARSALE.COM, QATAR LIVING, VIVRE AU QATAR.
Regardez également du côté du groupe Facebook buy it, sell it, love it Qatar : www.facebook.com/groups/buyitsellitloveitqatar/

Crédit

Vous disposez de deux options pour l'achat de votre voiture à crédit : contracter un crédit-auto ou un prêt personnel.

Dans les deux cas, vous aurez besoin d'une attestation de salaire. En général, les banques n'acceptent pas les attestations de salariés encore en période de probation. La mention « confirmed employee » sur l'attestation de salaire est souvent requise par les banques. Vous devrez aussi être muni de votre carte d'identité qatarienne.

Sachez que vous ne pourrez contracter un prêt qu'auprès de la banque où votre salaire est déposé.

QUELQUES CONSEILS POUR CONTRACTER UN PRÊT

Pour que vous puissiez conclure un crédit, il faut que la compagnie pour qui vous travaillez soit approuvée par votre banque. Assurez-vous en auprès de votre agence avant de commencer les démarches.

Certaines banques exigent un salaire minimum (aux alentours de 6 000 QAR) pour pouvoir contracter un crédit.

Selon la banque Centrale, en tant qu'expatrié la somme maximale que vous pouvez contracter est de 400 000 QAR, inclus les intérêts sur 4 ans.

Toujours selon la régulation de la banque Centrale, votre traite mensuelle, plus les autres charges (loyer, carte de crédit...) ne doivent pas dépasser 50% de votre salaire.

Lorsque vous contractez un crédit-auto vous devez avancer 20% du montant de la voiture. Si vous prenez un prêt personnel, à ce moment-là l'apport n'est plus nécessaire. Vous devrez par ailleurs, récupérer chez le concessionnaire un devis que vous devrez remettre à la banque.

Si vous payez votre voiture en liquide ou grâce à un prêt personnel, la voiture sera de facto à votre nom. Ce qui facilite la revente de votre voiture ou sa sortie du territoire qatarien.

Si vous contracter un crédit-auto, la voiture sera à votre nom mais hypothéquée par la banque. Une fois votre prêt remboursé intégralement, vous serez autorisé à mettre la voiture à votre nom. Si elle est toujours hypothéquée et que vous voulez la faire sortir du territoire qatarien, vous devrez obtenir l'autorisation de la banque.

Pour rembourser le crédit-auto, vous n'êtes pas obligé d'attendre la dernière traite. Si vous disposez de la somme disponible avant le terme, vous pouvez à tout moment clôturer votre prêt.

Le crédit-auto peut comprendre une assurance-auto.

Comme la concurrence entre les banques au Qatar est importante, les intérêts du crédit-auto sont assez bas : ils varient entre 2% et 3% à taux fixe.

Leasing

Certaines banques et concessionnaires proposent le leasing. Le leasing est considéré comme une location avec pour but, soit le rachat de la voiture à la fin du contrat, soit la restitution du véhicule.

Le leasing peut s'avérer être une bonne formule. En effet, vous pourrez rendre la voiture quand vous quitterez le pays ou parce que vous voulez jouir du tout dernier modèle.

Bon à savoir

LORSQUE VOUS ÊTES NOUVEAU VENU, LE TEMPS DE VOUS ADAPTER AU PAYS, LE PLUS SIMPLE EST DE LOUER UNE VOITURE.
Cependant ne louez pas sur le long terme, parce que cela risque de vous revenir très cher.

Amendes

Les amendes peuvent être lourdes au Qatar. Conducteurs, pensez à respecter le code de la route et les limites de vitesse.

Par exemple, si vous brûlez un feu rouge, il vous en coûtera 6 000 QAR et 7 points sur votre permis. Sachant que le permis ne compte que 14 points, vous n'aurez pas droit à une seconde chance. Notez en outre que les radars sont nombreux sur les routes, aussi restez vigilant.
Si vous êtes verbalisé, vous pourrez acquitter votre amende directement sur le site du Ministère de l'intérieur :
www.moi.gov.qa
En revanche, si vous pensez avoir été sanctionné à tort, vous pouvez vous rendre au Traffic Department où vous pourrez voir la photo prise au moment de l'infraction et plaider votre cause. On ne sait jamais !
Une dernière chose, pensez à régler vos amendes avant de quitter le territoire ou vous aurez la désagréable surprise d'être prié par un agent de l'aéroport d'effectuer le règlement avant de décoller.

Bon à savoir

LE PRINCIPAL « TRAFFIC DEPARTMENT » SE TROUVE À AL MAKHRIYA, UNE AUTRE BRANCHE EST LOCALISÉE À AL RAYYAN.
Pour plus d'information se rendre sur le site du ministère de l'Intérieur : www.moi.gov.qa

Accidents

En cas d'accident, la situation diffère selon sa gravité.

S'il s'agit d'un simple accrochage, vous pourrez déplacer le véhicule. Il vous faudra néanmoins vous rendre au Traffic Department afin de signaler l'accident. Le document qui vous sera remis vous permettra d'effectuer les réparations. Dans le cas contraire, vous ne trouverez que très difficilement un garage qui acceptera de remettre en état votre véhicule.
S'il s'agit d'un accident plus sérieux, vous devrez immobiliser votre véhicule et appeler immédiatement le Traffic Department au **999**.
Dans tous les cas, les personnes qui résident au Qatar de longue date recommandent de relever le numéro d'ID, le nom de la personne et son numéro de téléphone, et surtout de prendre des photos de l'accident.

Permis de conduire

Pour conduire au Qatar, si vous avez toujours un visa de tourisme vous pouvez utiliser un permis international.

Si votre permis est reconnu par l'État qatari, les autorités compétentes vous donneront un permis temporaire, de la durée de validité de votre visa. Si vous êtes dans ce cas précis, il faut prendre en considération qu'en vertu de la loi vous ne pouvez conduire qu'une voiture de location.
Lorsque vous aurez votre permis de résidence, vous n'aurez plus le droit de conduire avec un permis international ni un permis temporaire. Si vous faites partie des ressortissants des pays chanceux (ex : France), votre permis national sera échangé contre un permis qatarien pour une durée de cinq ans. En revanche, certains permis nationaux ne sont pas reconnus, à l'instar

de la Belgique et du Liban. Les citoyens de ces pays doivent donc repasser l'examen de conduite, sans obligation de reprendre des cours. Enfin, pour d'autres nationalités (ex : les iraniens, les russes), il faudra reprendre 12 cours de conduite et passer l'examen.

Repasser le permis au Qatar est une aventure assez atypique. Les femmes et les hommes sont séparés et passent chacun l'examen un jour différent. Le test se déroule en deux étapes. Après s'être inscrit, vous aurez rendez-vous à une heure et un jour précis, en général entre 5h00 et 5h30 (du matin). Lorsque vous connaîtrez cette date, il vous faudra vous rendre à l'auto-école deux jours avant pour passer la première étape de l'examen : le test des panneaux de signalisation. Si vous réussissez cette session, vous pourrez vous rendre à votre rendez-vous pour le reste de l'épreuve. Ce jour-là, prévoyez du liquide avec vous (180 riyals), car vous devrez acquitter les droits pour passer l'examen. Il faut aussi que vous ayez une carte bancaire valide, vous en aurez besoin si vous réussissez l'examen pour payer votre précieux permis qatarien (250 riyals). Si vous êtes une femme, vous pouvez choisir de conduire en automatique ou en manuel le jour de l'examen.

L'examen de conduite se déroule en trois étapes : D'abord le L, cela consiste à rouler sur une montée, puis de la redescendre sans faire tomber les poteaux. Si vous passez cette étape, vous pouvez aller à la suivante, le Parking. Il vous faudra vous garer en avant, entre deux poteaux et y ressortir sans faire de manœuvres, autrement dit en une seule fois. C'est seulement une fois que vous aurez réussi ces deux premières étapes que vous accèderez à la troisième, la conduite sur la route. Vous monterez alors dans un mini bus. Une fois parvenue sur la route, chaque candidat prendra tour à tour une voiture qui précèdera le mini bus. Vous serez accompagné de deux policiers, un à l'avant et l'autre à l'arrière. Il va falloir rouler. La plupart du temps, ils vérifient si vous savez comment prendre un rond-point, si vous mettez votre ceinture, utilisez vos clignotants, regardez dans les rétroviseurs…

Une fois terminé, vous repartez à l'auto-école et vous attendez le verdict…

Sortie du pays

Pour sortir du pays, les résidents doivent détenir un *exit permis*. Il est conseillé, en outre, pour faciliter l'entrée et la sortie du territoire de détenir l'« eGate » qui permet d'éviter les longues files d'attente au service de l'immigration de l'aéroport.

EXIT PERMIT

L'*exit permit*, c'est-à-dire le permis d'autorisation de sortie du territoire, n'est obligatoire que pour les résidents, à l'exception des femmes et des enfants venus séjourner au Qatar sous le sponsorship d'un membre de la famille.
Les salariés doivent donc obtenir l'*exit permit* pour sortir du territoire. Ils ne peuvent réaliser les formalités d'obtention directement, ils doivent passer par l'employeur.
L'*exit permit* peut être délivré pour une seule sortie ou pour plusieurs. Avant d'arriver au Qatar, c'est donc un point qu'il est important de négocier avec l'entreprise susceptible de vous employer et à faire figurer au contrat.
La demande d'*exit permit* peut être faite en ligne sur le site Hukoomi ou sur place, en plusieurs points du territoire :

- département des passeports du Ministère de l'intérieur ;
- les offices de l'immigration situés dans différents endroits : Hamad Medical Corporation, Al Khor, Al Dayin, Masaimeer, Al Shahaniya, Q-Post, Doha Industrial Area, Al Shamal, Al Wakrah, Souq Waqif, Umm Salal and Dukhan.

Pour obtenir l'*exit permit*, l'employeur devra compléter un formulaire, fournir les informations relatives à l'ID et au passeport et payer les frais de délivrance. Ils s'élèvent à 10 QAR pour un permis d'une sortie et 50 QAR pour un permis à sorties multiples.

EGATE

Ce système automatisé vous permettra d'éviter l'attente devant les guichets de l'immigration. Si vous êtes l'heureux détenteur de cette carte baptisée « eGate », il vous suffira d'introduire votre carte ID pour passer le portique et de poser vos doigts sur le scanner pour confirmer votre identité.

Comment l'obtenir ?

L'eGate ne peut être délivré qu'aux détenteurs d'une carte de résident (ID).

Si vous détenez le précieux sésame, il vous suffit de payer les frais d'acquisition de la carte.

Quelles pièces faut-il fournir ?

Il vous suffit d'apporter votre ID ou votre passeport.

Le personnel vous prendra en photo et relèvera vos empreintes sur place.

Quel est le coût ?

Vous devrez acquitter la somme de :

- 150 QAR pour une validité d'un an ;
- 250QAR pour une validité de deux ans ;
- 350 QAR pour une validité de trois ans.

Ce montant à verser est le même en cas de renouvellement de la carte ou de perte de celle-ci.

Où l'obtenir ?

Rendez-vous à Al Gharaffa Immigration Department.

Abdul Rahman Bin Awf St

Ouverture : **6h à 13 h et de 15h à 19h (les horaires néanmoins semblent variables).**

Déménager

Les formalités diffèrent selon que vous déménager vers le Qatar, quittez le pays ou changez de logement à l'intérieur du territoire.
Dans tous les cas, pensez à faire une check-list pour ne rien oublier.

VOUS ARRIVEZ AU QATAR

La plupart du temps, lorsque vous concluez un contrat avec une société internationale au Qatar, votre entreprise se chargera de votre déménagement et sélectionnera la compagnie de déménagement.

Il se peut aussi que vous vous occupiez des démarches, votre employeur vous allouera alors une indemnité couvrant tout ou partie des frais de votre déménagement.
Cette enveloppe est généralement calculée en fonction du nombre de personnes composant votre foyer familial et sur une estimation de la quantité d'objets que vous souhaitez emporter.
Le Cargo par avion revient très cher, même s'il est plus rapide que le transport maritime. Comme la cargaison peut mettre un mois avant d'arriver, il vaut mieux s'y

prendre à l'avance et contacter plusieurs compagnies pour comparer les offres et les services rendus.
Gardez en tête que dans tous les cas vos biens devront passer à la douane qatarie. Généralement votre employeur vous aidera pour les formalités avec les autorités. Il faut donc faire attention aux biens que vous emportez : si vous avez des livres, de la musique ou des films que les autorités locales trouveront inappropriés, ils vous seront confisqués. Si vous avez des doutes sur certains objets, mieux vaut en parler avec le service des ressources humaines de votre société ou directement avec l'entreprise de déménagement qui a l'expérience de ce genre de situation.
N'oubliez pas de contracter une assurance déménagement. La compagnie qui va s'en occuper peut généralement vous en procurer une.
Avant de quitter votre pays, veillez à contacter l'ambassade du Qatar pour avoir toutes les informations en main sur :

- les vaccins qui doivent être mis à jour ;
- les restrictions ou les taxes à payer sur vos biens ;
- les taxes pour le transport de votre voiture ;
- les vaccins pour votre animal de compagnie.

VOUS DÉMÉNAGEZ À L'INTÉRIEUR DU QATAR

Vous pouvez contacter une entreprise de déménagement ou bien emballer vous-même vos biens et louer un petit camion pour les acheminer jusqu'à votre nouveau domicile. Pour cette deuxième option, vous ne serez pas assuré et donc si quelque chose se casse vous ne pourrez pas être remboursé.
Vous pouvez également emballer vos objets et demander à quelques ouvriers de vous aider à transporter vos caisses dans leur propre véhicule. Ici aussi vous ne serez pas assuré.

VOUS QUITTEZ LE QATAR

Votre contrat est terminé et vous rentrez chez vous ou vers une nouvelle destination, demandez de l'aide à des professionnels. Soit vous utilisez la même compagnie qu'à votre arrivée si vous avez été satisfait, soit vous pouvez demander les prix de plusieurs compagnies pour pouvoir opérer un choix.
Votre employeur dans la plupart des cas remboursera le coût de votre déménagement. Mais si vous avez plus de biens qu'à votre arrivée et que le prix est plus élevé vous pouvez demander de payer la différence de prix.

Bon à savoir

GARDEZ TOUJOURS EN TÊTE DE DEMANDER QUELLES SONT LES RESTRICTIONS OU LES TAXES À PAYER SUR CERTAINS PRODUITS DANS LE PAYS DE DESTINATION, AFIN D'ÉVITER LES MAUVAISES SURPRISES.

DÉMARCHES À FAIRE AVANT DE QUITTER LE QATAR

Avant de partir n'oubliez pas de faire les démarches suivantes :

Demander votre *exit permit*.

Fermer vos comptes en banques. Si vous avez un crédit en cours on vous empêchera de quitter le territoire. Essayer de vous y prendre à l'avance, au moins un mois avant votre départ. Veillez aussi à arrêter tous les payements automatiques.

Rompre votre contrat de location. Il est préférable d'informer votre propriétaire ou l'agence assez tôt pour la dernière inspection et le remboursement de votre avance. Généralement il faut compter 1 à 2 mois avant de partir.

Résilier votre contrat avec Kahramaa (eau et électricité). Une fois les formalités accomplies, la société vous restituera votre avance.

Rompre votre contrat avec Ooreedoo pour Internet et le téléphone fixe.

Notifier de votre départ l'école de vos enfants pour que l'établissement puisse vous remettre les dossiers scolaires à temps.

Mettre fin à votre contrat d'assurance.

Vous rendre à QDC (Qatar Distribution Company) pour récupérer votre dépôt de garantie de 1 000 QAR en échange de la remise de votre carte.

Vérifier que vous avez payé toutes vos contraventions afin de ne pas être bloqué à l'aéroport.

Si vous emportez votre voiture avec vous, vous aurez besoin de plusieurs documents : votre passeport, votre ID qatari, un certificat d'export de véhicule qui doit être légalisé par la Qatar Chamber.

Bon à savoir

LE MINISTÈRE DES AFFAIRES ÉTRANGÈRES FRANÇAIS A MIS EN LIGNE UNE CHECK-LIST DESTINÉE AUX EXPATRIÉS

http://www.diplomatie.gouv.fr/fr/services-aux-citoyens/preparer-son-expatriation-22367/article/expatriation-la-check-list

QUELQUES COMPAGNIES

E-movers
Tél. : +974 4476 2244
Site : http://www.emoversqatar.com/

Allied Pickfords
Tél. : +974 4455 3455
Site : http://www.alliedpickfords.com

Crown Relocations
Tél. : +974 4462 1115
Site : https ://www.crownrelo.com/en-us/office/doha

Qatar Logistics
Tél. : +974 4455 0991
Site : http://www.qatarlogistics.com/

Animal de compagnie

Si vous souhaitez emmener votre animal au Qatar, vous devrez être attentif aux restrictions tenant aux conditions de location de la maison ou de l'appartement. En effet, de nombreux propriétaires interdisent la possession d'un animal. En outre, le chien étant considéré par certains comme impur, soyez vigilant quand vous le sortez. Assurez-vous qu'il ne vient pas frôler, toucher ou lécher un passant, cela pourrait s'avérer fort embarrassant. De façon générale, ils ne sont pas les bienvenus dans les lieux publics, en particulier les parcs et les corniches. Les chiens sont admis sur certaines plages à condition d'être tenus en laisse.

Quoi qu'il en soit, si vous souhaitez que votre animal de compagnie soit du voyage, il faudra respecter certaines conditions. Si vous achetez l'animal dans le pays, il vous faudra remplir une déclaration de possession d'un animal et obtenir un certificat d'enregistrement.

PERMIS D'IMPORTATION D'UN ANIMAL

Formalités

Pour obtenir ce sésame, vous devez vous rendre dans l'un des trois hôpitaux vétérinaires : l'un est situé sur la Al Mathar street sur la route de l'aéroport près de la E ring road, les deux autres à Al Rayyan et Al Shamal.

Vous devrez fournir une copie de votre ID et le carnet de vaccination de votre animal prouvant notamment qu'il a été vacciné contre la rage.
Votre animal doit être âgé de plus de 4 mois et avoir été vacciné au moins trente jours avant la date du voyage.
Le permis d'importation est valable 1 mois à compter de sa délivrance. Les animaux autorisés à entrer dans le pays peuvent voyager par bateau ou comme supplément de bagages.

Animaux interdits

Certains animaux sont interdits d'entrée sur le territoire. La liste est fixée par le ministère de l'environnement. Il s'agit des races suivantes :

- American Staffordshire Terrier ;
- Boerboel ;
- Boston Terrier ;
- Boxer ;
- Bull Terrier ;
- Bulldog ;
- Chinese Shar-Pei ;
- Doberman ;
- Great Dane ;
- Japanese Akita ;
- Neapolitan Mastiff ;
- Afghan Hound ;
- Rottweiler ;
- Staffordshire Bull Terrier.

DÉCLARATION DE POSSESSION D'UN ANIMAL

Ce document constitue une déclaration destinée à vous faire prendre conscience de vos responsabilités. Le déclarant atteste qu'il s'engage à garantir la protection de l'animal et qu'il accepte de respecter les règles impératives édictées par le ministère.

Contenu de la déclaration

Cette déclaration sur l'honneur comprend les engagements suivants :

- le déclarant accepte d'engager sa responsabilité en cas d'infractions aux règles applicables à la détention d'animaux ;
- l'animal ne sera pas abandonné dans la rue et lâché dans les lieux publics quel que soit le moment ;
- le déclarant s'engage à traiter l'animal avec huma-

nité : lui fournir une nourriture adaptée à ses besoins, lui donner de l'eau et lui fournir un abri, notamment ;

- l'animal doit être vacciné contre la rage tous les ans ;
- les soins essentiels devront être administrés à l'animal ;
- la possession de l'animal ne doit pas être transférée sans en avertir au préalable le ministère ;
- le déclarant s'engage à payer l'amende due en cas de négligence.

Procédure à suivre

Vous devez remplir la déclaration sur le site du ministère : Formulaire de déclaration de possession d'un animal.

Les informations demandées sont notamment : votre numéro d'ID (carte d'identité locale), votre adresse et de nombreuses informations relatives à l'animal (l'âge, la race, la couleur et le numéro de puce électronique).

Le document doit être signé par votre vétérinaire habituel et vous-même. Vous devrez ensuite le soumettre au ministère de l'environnement.

CERTIFICAT D'ENREGISTREMENT D'UN ANIMAL

Pour recevoir un certificat d'enregistrement, vous devrez remplir le formulaire disponible sur le site du ministère. En outre, l'administration vous demandera de fournir toutes les données nécessaires à la propriété de l'animal, y compris une copie de votre ID (carte d'identité), votre adresse, les données relatives à votre animal – l'âge, la race, la couleur, le numéro de puce électronique et autres signes distinctifs – et une photo de l'animal.

Le tout devra être adressé au ministère de l'environnement.

Bon à savoir

TÉLÉCHARGEZ LE FORMULAIRE DE DEMANDE DE CERTIFICAT D'ENREGISTREMENT D'UN ANIMAL SUR LE SITE HUKOOMI :

www.gov.qa

DÉCÈS DE L'ANIMAL

L'hôpital Hamad se charge de la crémation des animaux pour 1 000 QAR.

SORTIE DE L'ANIMAL DU TERRITOIRE

De façon générale, les vaccins doivent être en règle. Les dispositions applicables pour sortir l'animal du territoire diffèrent selon le pays de destination. Il convient donc de vous renseigner auprès des services vétérinaires de l'État concerné.

Ministère de l'environnement
Ouverture : **du dimanche au jeudi de 7h00 à 14h00**
Tél. : **+974 44 207 777**
Email : **public@moe.gov.qa**

Trouver un logement est une autre étape à franchir dans votre installation au Qatar. Comme vous allez passer beaucoup de temps dans votre habitation, essayer de prendre le temps de trouver quelque chose où vous vous sentirez à l'aise. Il faut savoir que vous avez deux choix de base à faire : soit votre employeur vous fournit votre logement, soit il vous donne une allocation logement qui constituera une tranche de votre salaire. Il faut savoir que ces dernières années les prix de l'immobilier ont flambé dans la péninsule et que le budget logement constitue une part importante des charges mensuelles.

Le logement

CONSEILS POUR SE LOGER

Pour ceux qui doivent trouver un logement par leurs propres moyens, le premier élément à prendre en compte c'est le budget que vous êtes prêt à payer, ainsi que la zone géographique dans laquelle vous souhaiteriez vous installer.

Pour un célibataire qui voudrait vivre en centre-ville, un appartement dans une tour d'habitation à proximité de la Corniche serait idéal, alors que la vie en compound (lotissement) est plus adaptée aux familles qui ont de jeunes enfants.

Certaines grandes sociétés, notamment pétrolières et Qatar Airways, fournissent à leurs employés, dans le cadre de leur offre d'emploi, un meublé dans des compounds spécialement loués ou construits par elles. Ce mode d'hébergement présente quelques avantages, en premier lieu, celui de ne pas payer de loyer et si les choses ne se passent pas comme prévu, vous n'avez qu'à rendre les clés et partir sans vous soucier de rien. Néanmoins, les nouveaux arrivants doivent être conscients que ce type d'hébergement présente certains inconvénients : vous ne pourrez pas forcément éviter vos collègues en dehors de vos heures de travail, ce qui signifie que votre emploi fera souvent intrusion dans votre vie privée. En outre, vous

résiderez avec des personnes parlant le plus souvent la même langue que la vôtre, ce qui n'est pas la meilleure manière d'encourager vos enfants à parler des langues étrangères.
Vivre en dehors de la capitale peut aussi être une option, bien que toutes les écoles internationales se trouvent à Doha. En raison des embouteillages et souvent des longues distances à parcourir, la localisation de l'école de vos enfants sera à prendre en considération dans vos choix de logements.
Pour trouver votre résidence, vous pouvez faire appel à une agence immobilière, ou bien circuler dans la ville le nez au vent à la recherche des pancartes « À Louer ». Si vous appréciez tout particulièrement une résidence, allez voir le gardien pour lui demander si un logement serait vacant et si vous pouvez le visiter. Essayer de ne pas partir en quête un vendredi matin, vous ne trouverez personne pour vous aider !
Pour récapituler, voici vos options :

Appartements standards

Au Qatar, la vie en appartement est plutôt agréable. Il y en a de plusieurs tailles : du studio au quatre chambres. Les services sont le grand avantage de ce type de logement : la conciergerie et les facilités (la salle de sport et la piscine, par exemple).

Tous les appartements sont équipés de la climatisation et, pour la plupart, sont meublés (électroménager inclus), ce qui vous permettra de vous installer rapidement sans devoir attendre un éventuel conteneur.
Le parking peut être un inconvénient, ils sont souvent en sous-sol ou juste devant l'immeuble, ce qui est parfois un problème quand vous recevez des amis.

Résidences hôtelières et appartements-hôtels

Les appartements-hôtels peuvent être une bonne option pour les célibataires ou pour les personnes qui ont beaucoup de déplacements professionnels.

Ils proposent plusieurs services tels que le pressing, de petits commerces, le coiffeur, et parfois une piscine et une salle de gym, sans oublier le service de chambre. Ces appartements-hôtels peuvent s'avérer finalement plus économiques que la location d'un appartement puisque tout vous est fourni, y compris la connexion Internet.

Villas partagées

Vu que le prix de l'immobilier est très élevé, certains propriétaires de villas les divisent en plusieurs appartements pour pouvoir les louer à plusieurs personnes.

Chaque appartement à sa propre cuisine et salles de bain et parfois même sa propre entrée. Ce genre d'habitation en général n'est pas meublée, mais peut contenir l'électroménager.

Villas individuelles

Vous pouvez aussi louer une villa dans un compound.

Ce genre d'habitation est très agréable surtout lorsque vous avez des enfants. Certains compounds sont très verts, ce qui n'est pas donné à tout le monde au Qatar. Ces villas sont souvent non meublées, il faudra donc déménager vos meubles ou racheter des meubles une fois sur place. Les compounds sont souvent équipés d'aires de jeu pour les enfants, de piscines, ainsi que de salle de sports. Petit inconvénient, ces derniers sont souvent un peu en retrait de la ville, mais pour ceux qui recherchent calme et tranquillité, c'est l'endroit idéal.

Les villas « Stand Alone » sont aussi une option. Il s'agit de maisons individuelles situées en dehors des compounds. Petit inconvénient, vous devrez gérer de A à Z les problématiques de maintenance de votre habitation.

LES PRIX DES LOCATIONS

Les prix dépendent bien entendu de la surface, de l'équipement (appartement meublé ou non) et du quartier où vous résidez.

Msheireb : quartier situé au centre géographique de Doha. Les appartements que vous trouverez dans cette région varient entre 1, 2, 3 chambres à coucher et les prix du loyer peuvent aller de 5 000 à 13 000 QAR.

Al Saad : quartier commercial, il est assez fréquenté, attention au trafic et aux places de parkings. Vous y trouverez de nombreux restaurants et magasins. Les appartements dans cette région varient de 1, 2, 3 chambres à coucher et les prix du loyer peuvent aller de 6 200 QAR à 15 000 QAR.

West bay : quartier central de la ville, où se situent notamment le City Center et l'école française, vous trouverez aussi bien un studio qu'un appartement avec quatre chambres à coucher. Les prix du loyer peuvent aller de 7 000 QAR à 31 000 QAR.

Pour les villas, les prix varient entre 14 500 QAR et 50 000 QAR

West bay lagoon : sur la route en allant vers le Pearl, West Bay Lagoon est composé de plusieurs compounds. Les prix des loyers peuvent aller de 19 000 QAR à 50 000 QAR

Al Waab : situé près du Villaggio et du parc Aspire, ce quartier est prisé par les familles, car proche de l'American School. Les prix des loyers peuvent aller de 10 000 QAR à 100 000 QAR.

Bon à savoir

LES PRIX FLAMBENT DANS LA CAPITALE.

Sachez qu'en prenant un contrat de location d'un minimum de deux ans, le montant sera bloqué d'une durée égale à celle de votre bail.

LES ADRESSES POUR TROUVER UN LOGEMENT

Les résidences de courte durée

Ezdan Hotel&Suites
Tél. : +974 44 969 111
Site : **www.ezdanhotel.com**

W Hotel and Residences
Tél. : +974 44 535 000
Site : **wwww.hoteldoha.com**

Le Mirage Executive Residence
Tél. : +974 44 440 111
Site : **www.lemiragehospitality.com**

Gulf Paradise
Tél. : +974 44 322 212
Site : **www.gulfparadisehotel.com**

Fraser Suites Doha
Tél. : +974 44 243 444
Site : **doha.frasershospitality.com**

Les agences immobilières

Al Asmakh Properties
Tél. : +974 44 485 111
Site : **www.alasmakhrealestate.com**

Elite International Assets
Contact francophone
Claire-Marie Tawilé
Email : **ctawile@elite-re.com**
Site : **www.elite-re.com**

Property Finder
Site : **www.propertyfinder.qa**

Mirage International
Property Consultants
Tél. : **+974 44 444 431**
Site : **www.mirageproperty.com**

Les petites annonces

Qatarliving
Site : **www.qatarliving.com/classifieds**

Vivre au Qatar
Site : **http://www.vivreauqatar.com/**

Les propriétaires d'un parc immobilier

Alfardan properties
La société Alfardan dispose d'un grand nombre de logements dans différentes gammes de prix.

Anis Ben Aba, français d'origine tunisienne, vous aidera à trouver un appartement ou une maison dans le parc immobilier de l'entreprise Alfardan. La location étant faite en directe avec la société propriétaire, vous n'aurez pas à payer de commission. En outre, la société Alfardan est appréciée pour la qualité de la maintenance de ses logements.
Anis Ben Aba
(parle français, arabe et anglais)
Senior Leasing Consultant
Tél : **+974 55485697**
Email : **mbenaba@alfardan.com.qa**

Al Jazi Real Estates
Cette entreprise commercialise des appartements situés dans des tours proches du Lycée Bonaparte (Aamal Tower, Al Areen et Dareen Tower), mais aussi le compound Al Jazi Gardens, très apprécié de la communauté française.

Al Jazi
Tél : **+974 4431 8028/+974 4483 8786**
Email : **leasing@aljazi.com.qa**

DEVENIR PROPRIÉTAIRE

Les expatriés peuvent désormais devenir propriétaire au Qatar, ce qui n'était pas le cas encore très récemment. Néanmoins, ils ne peuvent pas acheter partout, seules quelques régions sont ouvertes à la vente : Pearl, ZigZag Towers, Lusail City et Al Waab City.

Les Hôtels

L'offre hôtelière de Doha est encore loin d'égaler celle de sa voisine dubaïote, mais vous y trouverez déjà une offre relativement importante qui pourra satisfaire tous les goûts. Dans les années à venir et en prévision de la coupe du monde de football de 2022, l'offre va s'étoffer de plus en plus.
Parmi les hôtels de Doha, nous pouvons vous conseiller :

LES HÔTELS CINQ ÉTOILES DES GRANDES CHAINES HÔTELIÈRES INTERNATIONALES

Puisque vous êtes à Doha, autant profiter du beau temps et du soleil pour choisir un hôtel en bord de mer et ainsi bénéficier d'une plage où vous pouvez vous baigner.
Dans les hôtels internationaux, vous pourrez, si vous le souhaitez, déguster une boisson alcoolisée. Néanmoins, comme certains établissements n'ont pas la licence d'alcool, pensez à vérifier au préalable.
Les lieux où il est plus commode de se loger sont Katara, West Bay et à proximité du Musée d'Art Islamique (MIA).

Katara

À proximité de Katara, citons deux hôtels : le St Regis et l'Intercontinental The Beach.

Ces deux établissements disposent de beaux espaces verts, de superbes piscines et de plages très agréables.
Vous y trouverez également de bons restaurants :
Au St Régis : Gordon Ramsay, Opal by Gordon Ramsay ou encore l'Astor Grill ;
À l'Intercontinental : le Fish Market ou le Mykonos avec vue sur la mer ou bien le Belgian Café si vous recherchez l'ambiance des pubs et êtes en manque de moules-frites.
L'avantage de résider dans l'un de ces deux hôtels est leur proximité avec le village culturel Katara. Si vous y séjournez pendant les mois où la chaleur est supportable, profitez d'une douce soirée pour aller vous balader à pied jusqu'à Katara. Les promenades à pied à Doha ne sont pas légion, donc autant en profiter quand il y en a une !

Intercontinental Doha The Beach

Tél. : +974 44 84 44 44
Site : **http://www.ihg.com/intercontinental/hotels/gb/en/doha/dohha/hoteldetail ?cm_**

mmc=GoogleMaps-_-ic-_-QAEN-_-dohha

St Regis

Tél : +974 44 46 00 00
Site : **www.stregisdoha.com**

West Bay

Si vous vous rendez à Doha pour affaires, l'endroit idéal reste sans doute West Bay.

De nombreux hôtels de luxe, vous offriront un service cinq étoiles. Parmi lesquels : le W Hôtel, le plus branché de la Capitale ; le Sheraton, récemment rénové et situé sur la corniche, est l'hôtel le plus ancien de Doha. Il possède un accès direct à la plage.

W Hôtel

Tél : + 974 4453 5000
Site : **http://www.whoteldoha.com/**

Sheraton

Tél : +974 4485 4444
Site : **http://www.sheratondoha.com/**

Sur la route de l'aéroport, à proximité du musée d'Art Islamique

Sharq Village & Spa - The Ritz Carlton

Esthétiquement l'hôtel le plus beau du Qatar : il ne s'agit pas d'une grande barre de béton verticale comme c'est malheureusement souvent le cas à Doha, mais de plusieurs bâtiments de type traditionnel d'un ou deux étages reliés les uns aux autres, ce qui donne un coté plus authentique à l'ensemble. Un endroit très agréable où il fait bon se reposer, profiter des piscines et de la plage.
Tél : +974 44 25 66 66
Site : **http://www.ritzcarlton.com/en/Properties/SharqVillage/Information/Default.htm**

BANANA ISLAND BEACH RESORT

Cette très belle île située à 25 minutes en bateau de la corniche de Doha a été aménagée pour accueillir un hôtel de luxe de la chaîne Anantara qui a ouvert ses portes en janvier 2015.

L'hôtel comprend 218 chambres et 101 villas dont des villas sur pilotis les pieds dans l'eau.
Cette île-hôtel à la façon des Maldives constitue sûrement l'un des endroits les plus dépaysants du Qatar et des plus reposants pour faire une pause le temps d'un week-end sans avoir à prendre l'avion.

La clientèle est principalement composée de locaux Qatariens et des pays du Golfe (notamment de nombreux Saoudiens), mais peu d'expatriés occidentaux. Toutefois vous pouvez tout à fait vous baigner en maillot de bain 2 pièces à la piscine et à la mer.
À noter qu'il n'y a pas d'alcool servi sur l'île.
Deux options s'offrent à vous :
1/ Vous réservez une chambre pour avoir accès à toutes les prestations de l'île.
Le minimum à la réservation est de 2 nuits le week-end et 1 nuit en semaine.
Les prix commencent à environ 1 000 QAR la nuit pour 2 personnes et peuvent s'envoler jusqu'à plus de 10 000 QAR la nuit pour une villa sur pilotis avec 2 chambres.
De nombreuses activités vous sont proposées : piscine, toboggan aquatique, piscine pour surfer, bowling, cinéma…
2/ Vous y allez pour la journée : ce n'est possible qu'en semaine du dimanche au mercredi (du jeudi au samedi il faut réserver obligatoirement une chambre).
Pour vous y rendre à la journée, il faut faire une réservation dans l'un des 3 restaurants : le restaurant libanais, le restaurant italien ou le buffet international (les prix varient entre 200 QAR et 300 QAR le déjeuner par adulte).
À noter que si vous y allez pour la journée, vous n'aurez pas accès à la plage, ni à la piscine, uniquement aux restaurants.
Pour se rendre sur l'île, il faut prendre un bateau à l'embarcadère « Al Shyoukh Terminal » qui se situe sur la Corniche juste après le MIA au niveau de la sculpture en forme d'huître. Un voiturier est à votre disposition pour y laisser votre véhicule.
Les bateaux partent toutes les heures à heure fixe, dans le sens aller et le sens retour, et la traversée dure environ 25 minutes. Si vous avez réservé une nuit, le bateau est gratuit. Si vous venez uniquement à la journée, il s'agit d'un système de vouchers : vous achetez un voucher de 200 QAR par personne, 50 QAR sont destinés au bateau et après il vous restera 150 QR à dépenser dans le restaurant.

Tél. : 40 40 50 50
Site : www.doha.anantara.com

LES « BOUTIQUES HÔTELS »

La plus belle façon de se loger à Doha et surtout la plus authentique !

Souq Waqif Boutique Hotels

SWBH est un groupement de 9 hôtels, tous situés dans le Souq Waqif ou dans ses alentours proches.

Ces hôtels sont plus typiques, moins aseptisés et standardisés que les établissements des grandes chaînes hôtelières internationales. Généralement de plus petite taille, ils offrent une décoration traditionnelle particulièrement soignée et tout le confort des hôtels haut de gamme.

Les « boutiques hôtels » du Souq Waqif n'ont pas d'accès à la mer, mais de jolies piscines sont à la disposition des hôtes.

Et le véritable plus de ces hôtels est la possibilité de se rendre à pied au Souq Waqif, lieu très agréable et animé pour s'y promener en soirée et pour y dîner.

Les prix d'une chambre double varient entre 700 QAR et 1 000 QAR.

Tél. : **+974 44 33 66 66**

Site : **www.swbh.com**

Ouverture d'un compte en Banque

Le secteur bancaire du Qatar est composé de banques locales et internationales.
Il n'y a pas de montant minimum pour ouvrir un compte au Qatar.

NON-RÉSIDENT

Il faut savoir que même si vous n'avez pas de permis de résidence, vous pouvez ouvrir un compte en banque grâce à votre passeport, lequel doit mentionner la date de votre entrée sur le territoire et du numéro de votre visa. Pour ce faire, rendez-vous dans l'une des succursales de la banque que vous avez choisie muni de votre passeport. Vous remplirez sur place un formulaire d'ouverture d'un nouveau compte. Votre statut de non-résident ne vous donnera pas accès à une carte de crédit et un chéquier. De même, vous ne pourrez contracter un crédit auprès de votre banque.

RÉSIDENT

Si vous êtes résident, il vous faudra vous munir de votre passeport, de votre carte d'identité qatarienne et de votre attestation de salaire, que vous aurez demandée préalablement à votre employeur. Vous remplirez alors le formulaire d'ouverture d'un nouveau compte. Celui-ci vous permettra de détenir une carte de crédit, un chéquier et de contracter un crédit auprès de votre banque.
Néanmoins, si vous n'êtes pas salarié, même en étant résident, vous ne pourrez pas recevoir de carte de crédit et de chéquier.
Il y a tout de même deux exceptions qui permettent à un non-salarié d'être muni d'une carte de crédit :
• soit votre conjoint est salarié et demande la délivrance d'une carte de crédit pour vous. La carte sera à votre nom mais liée à son compte ;

• soit vous bloquez, en liquide, un montant correspondant au plafond de la carte de crédit. Par exemple, si celle-ci est plafonnée à 20 000 QAR, il vous suffit de déposer cette somme à la banque comme garantie.

Compte joint

Au Qatar, vous pouvez ouvrir un compte joint. Pour ce faire, il faut présenter les cartes d'identité qatariennes des deux conjoints.

Chacun remplira un formulaire individuel d'ouverture d'un nouveau compte, en prenant soin de mettre la même adresse et le même numéro de téléphone.

Compte épargne

Vous pourrez ouvrir un compte épargne au Qatar, mais sachez que les taux d'intérêts sont assez bas.

Lors de n'importe quelle ouverture de compte, la banque vous fera signer un formulaire FATCA pour certifier que vous êtes ou non citoyen américain. Si vous avez la nationalité américaine vous aurez alors d'autres formalités à remplir.
Par ailleurs, en fonction du montant de votre salaire, certaines banques vous classeront dans différentes catégories qui pourront vous donner accès à certains avantages sur tous les produits bancaires.

CARTE DE CRÉDIT ET DÉPART DÉFINITIF DU TERRITOIRE

Pensez à résilier votre carte de crédit, 45 jours au minimum avant votre départ définitif du pays. Cet instrument de paiement étant considéré comme un crédit, vous risquez d'être retenue à la sortie du territoire.

Sachez qu'en cas de démission ou de licenciement, votre compte est bloqué si vous avez un crédit en cours ou même une carte de crédit (cela ne s'applique pas aux cartes de débit). La banque tient ainsi à s'assurer que tous les paiements ont été effectués. Une fois fait, vous retrouvez l'usage de votre compte normalement. Mieux vaut donc, posséder deux comptes en banque afin d'éviter le désagrément de ne pas pouvoir utiliser votre trésorerie.

Électricité et eau

Si le service gestionnaire de votre compound ou de votre résidence ne se charge pas de la gestion de vos abonnements à l'eau et à l'électricité, il vous faudra ouvrir un compte au sein du département chargé de leur mise en service (Qatar's Water and Electricity Department-Karahmaa).

Il suffit de vous rendre sur le site web de la compagnie et de compléter le formulaire en ligne. Attention, il vous faudra un numéro d'identification qui doit vous être fourni par le propriétaire. En outre, vous devrez produire votre ID, une copie de l'ID du propriétaire et le contrat de location signé par les deux parties.

Vous paierez la facture tous les mois, en ligne ou dans l'un des centres de services aux clients. Pour connaître les tarifs en fourniture en eau et électricité, voir :

Site : www.km.com.qa/CustomerService/Pages/Tariff.aspx

Karahmaa

Tél : 911

Coordonnées des centres

Site : www.km.com.qa/CustomerService/Pages/Centers.aspx

BONBONNES D'EAU

L'eau courante ayant subi un processus de désalinisation, la plupart des résidents préfèrent utiliser de l'eau en bonbonne pour cuisiner. Procurez-vous une fontaine, plus chère qu'une pompe à eau, environ 500 QAR, mais plus pratique.

Vous trouverez de nombreux fournisseurs de bonbonnes d'eau. Citons néanmoins :

Nestlé : +974 44 603 332

Rayyan Mineral water : +974 4443 6999

Safa : sales@safawaterqa.com / +974 44 60 6 699

Poste

Le courrier est délivré via une boîte postale gérée par la Qatar Postal services company (Q-post). Les résidents peuvent choisir de faire adresser leur courrier à leur bureau, à leur résidence (si le propriétaire a prévu ce type de services) ou de louer une boîte postale.

Les boîtes postales peuvent être louées dans n'importe quel bureau de poste du pays. Pour en ouvrir une, le résident devra remplir un formulaire accompagné de plusieurs documents, dont une copie de la carte d'identité pour les personnes physiques. Les entreprises et les organisations doivent fournir une copie de l'enregistrement commercial ou de la licence de commerce. Si vous ouvrez une boîte postale au siège de la poste, on vous remettra un numéro et une carte électronique. En revanche, les autres bureaux sont équipés de clefs.

Il vous en coûtera 300 QAR par an (200 QAR pour la location d'une boîte dans une succursale) si vous êtes une personne physique et 500 QAR pour une société. Il convient d'ajouter 60 QAR pour la délivrance d'une carte électronique.

Pour télécharger le formulaire de location d'une boîte postale
Site : **www.qpost.com.qa/map/forms/poform.pdf**

Qatar Postal Services Company
Tél : +974 44 464 230
Tél : +974 44 464 223
Fax : +974 44 830 981
Courriel : **pobox@qatarposts.com**

SERVICES EXPRESS DE DISTRIBUTION DE COURRIER

DHl : +974 44 587 888
Fedex : +974 44 554 191
UPS Gulf agency Co. Qatar (W.L.L) : +974 44 322 444 / +974 44 650 606

Téléphone et Internet

Pour obtenir le téléphone et vous connecter au web, vous aurez principalement affaire à Ooredoo et Vodafone.

TÉLÉPHONIE MOBILE

Il y a deux opérateurs de téléphonie mobile au Qatar, Ooredoo et Vodafone. Vous n'êtes pas obligé d'être résident pour acheter une carte SIM et donc posséder un numéro de portable qatari. Il vous suffit de vous rendre dans l'un des points de vente Ooredoo et Vodafone - vous en trouverez dans les centres commerciaux - munis de votre passeport. Pour 50 Riyals Qataris, vous aurez une puce prépayée.

Pour ce type d'abonnement vous n'avez qu'à recharger le montant que vous désirez et votre numéro sera crédité de la somme déboursée. Ensuite, vous pourrez en envoyant un simple SMS activer des services, tels que la 3 ou la 4 G, qui seront prélevés chaque semaine automatiquement de votre crédit. Vous pouvez interrompre ces services à tout moment, en envoyant un SMS à l'opérateur.

Pour recharger votre crédit, vous pouvez acheter une recharge en magasin ou en ligne.

Si vous êtes résident vous pourrez contracter un des différents abonnements proposés par les opérateurs de téléphonie mobile. Votre facture sera automatiquement prélevée de votre compte en banque. En fonction de ce que vous recherchez (Internet, Appels Internationaux, SMS...), vous aurez l'embarras du choix. Vous pouvez voir les différents abonnements en ligne ou demander conseil dans l'un des différents points de vente.

TÉLÉPHONE FIXE

Vous venez d'emménager et vous voulez installer une ligne de téléphone fixe à la maison, vous ne trouverez ce service que chez Ooredoo.

Comment s'y prendre ? Vous devez vous rendre dans un des points de vente Ooredoo munis de votre carte d'identité qatarie et de votre numéro d'électricité qui vous a été attribué (Kahramaa ID). Généralement vous trouverez ce numéro sur un autocollant près de la porte principale de votre résidence. C'est le numéro que vous utilisez pour payer vos factures d'électricité et d'eau.

Vous remplirez alors une demande de mise en service, quelques jours plus tard les techniciens viendront installer la connexion.

Bon à savoir

SI VOUS VOULEZ UNE LIGNE DE TÉLÉPHONE FIXE, INTERNET ET LA TÉLÉVISION, L'OPÉRATEUR VOUS PROPOSERA DES PACKAGES SPÉCIAUX.

Cela vous permettra d'économiser du temps et de l'argent, les techniciens ne se déplaçant qu'une seule fois pour tout installer.

INTERNET

Ooredoo et Vodaphone peuvent vous fournir l'Internet haut débit à la maison, mais le réseau Vodafone est plus limité. Ce dernier couvre Pearl et quelques régions telles que Barwa City et West Bay.

Comme pour la ligne de téléphone fixe, il faut se rendre au point de vente le plus proche munis de sa carte d'identité qatarie et de son numéro d'électricité. Vous aurez le choix entre plusieurs options, en fonction de vos besoins. Assurez-vous que vous avez accès à la fibre optique, cela dépend de votre résidence si elle est équipée ou non. Demandez à l'opérateur, grâce à votre numéro d'électricité il pourra vous répondre. Une fois choisi, vous remplirez un formulaire de mise en service pour que les techniciens puissent venir vous installer la connexion.

Bon à savoir

SI VOTRE MAISON EST VASTE, IL FAUDRAIT PENSER À VOUS MUNIR D'UN AMPLIFICATEUR DE RÉSEAU WI-FI POUR QUE TOUTE VOTRE HABITATION SOIT COUVERTE PAR LES ONDES.

Sinon cela risque de ne pas bien capter.

TÉLÉVISION

En ce qui concerne la télévision, le plus grand fournisseur de télé est Ooredoo, connu sous le nom de Mozaic TV+.

Vous bénéficierez d'une sélection de chaînes anglophones, asiatiques et arabes.

Vous pouvez par ailleurs prendre un abonnement par satellite.

Certains fournisseurs offrent l'installation de la parabole ou proposent des décodeurs avec cartes, comme OSN.

Bon à savoir

POUR LES FRANCOPHONES IL EST SOUVENT DIFFICILE D'ACCÉDER AUX CHAÎNES EN FRANÇAIS. NÉANMOINS, LA PLUPART DES APPARTEMENTS ET COMPOUNDS SONT ÉQUIPÉS DE CONNEXIONS SATELLITES NILESAT ET HOTBIRD.

Vous pourrez alors acheter un décodeur Viaccess, qui n'est malheureusement pas disponible à Doha, et contracter un abonnement Bistv. Pour ce faire, il vous suffit de vous connecter sur TVCorner (www.tv-corner.com) et d'acheter en ligne une carte Bistv au prix de 100 euros pour une durée d'un an. Une fois reçue, vous la connectez à votre décodeur Viaccess et vous pourrez ainsi visionner les chaînes françaises.

LIENS UTILES

Ooredoo
Site : **http://www.ooredoo.qa/en/home**

OSN
Site : **http://www.osn.com/en/home.aspx**

Vodafone
Site : **http://www.vodafone.qa**

Metrash 2

Metrash est service d'administration en ligne qui permet aux usagers d'effectuer à distance de nombreux actes administratifs.
Metrash 2 a remplacé Metrash 1 avec encore plus de services accessibles via votre mobile sur la plateforme du Ministère de l'intérieur.

SERVICES FOURNIS

Conducteurs
De nombreux services sont proposés : la délivrance et le renouvèlement du permis

de conduire, l'émission et le remplacement des permis de conduire perdus ou endommagés.

Il en va de même du transfert de propriété du véhicule, le transfert du numéro de plaque d'immatriculation et la délivrance des certificats de mise en circulation. Vous pourrez aussi consulter les informations relatives à des violations aux règles du Code de la route et payer vos amendes en ligne.

Visas

Tout ce qui concerne votre visa peut être effectué par le biais de Metrash :

le suivi des demandes et l'approbation de visa, le paiement des frais, le renouvellement et les extensions de visa.

Permis de résidence

Ce service comprend :

le renouvellement du permis de résidence, l'annulation d'un permis si vous êtes le sponsor d'un salarié, la modification ou le changement des données relatives à ce permis dans le passeport.

Permis de sortie (exit permit)

Il permet de gérer la délivrance des permis de sortie des personnes que vous employez.

Egate

Pour plus d'informations, voir notre page consacrée à l'eGate.

Avec Metrash, vous pourrez activer et renouveler le service d'eGate.

Entrée et sortie

Le résident peut aussi s'informer sur ses propres modalités d'entrée et de sortie, mais aussi sur celles du personnel qu'il emploie.

CONDITIONS ET PROCÉDURE POUR BÉNÉFICIER DU SERVICE

Conditions

Tout d'abord, vous devez détenir une carte d'identité (ID) valide, un numéro de téléphone mobile et vous enregistrer dans un des kiosques self-service :

au siège social de la poste, au Landmark, au Villaggio, au Royal Plaza ou à la section des visas du département des passeports et de la sécurité des aéroports.

Procédure

La procédure se déroule en deux étapes :

Étape 1 : Rendez-vous à une borne self-service. Connectez-vous en utilisant votre ID. Sélectionnez Metrash 2 option et attendez jusqu'à affichage de la page. Entrez votre numéro de mobile et cliquez sur l'icône pour vous enregistrer.
Quand vous obtenez le message « enregistrement réussi », vous obtiendrez une clé d'activation en deux parties :
• *partie 1 :* elle sera imprimée par le kiosque au format (***-1234) ;
• *partie 2 :* elle vous sera adressée par SMS au format (****-5678).
Ces deux codes devront être activés rapidement sur votre mobile. Évitez les erreurs lors de la première saisie ou vous risquez devoir retourner à la borne pour obtenir un nouveau code.

Étape 2 : Utilisez votre téléphone portable et rendez-vous à l'adresse suivante : **http://mds.moi.gov.qa/rest/ota/download/Metrash2/GETPAGE/0**
Votre appareil devrait être automatiquement reconnu. L'icône Metrash 2 devrait s'afficher, cliquez dessus. Choisissez la langue. Une autre page va apparaître, vous devrez alors fournir les informations suivantes :
• numéro d'ID ;
• la partie 1 du code d'activation ;
• la partie 2 du code d'activation ;
• créer un mot de passe ;
• entrer de nouveau votre mot de passe.
Après il vous sera possible de vous connecter et de bénéficier des services de Metrash 2.

Services à domicile

Le prix du personnel de maison est moins élevé que dans les pays occidentaux, voici une bonne raison pour ne pas se priver d'aide. Vous pouvez recruter votre propre employé ou faire appel à des entreprises de services à domicile.

EMPLOYÉS DE MAISON

Vous recherchez une employée de maison, alors plusieurs solutions s'offrent à vous.
Vous souhaitez la recruter en direct et devenir par conséquent employeur. Dans ce cas vous devrez la sponsoriser. Si vous la lo-

gez, il faut compter un minimum de 2 000 à 3 500 QAR par mois. Quand vous calculez votre budget, pensez à prendre en compte les coûts relatifs à son recrutement. Si vous passez par une agence, il vous en coûtera environ 10 000 QAR (le prix varie en fonction de la nationalité de la candidate) ; bien moins, si vous réalisez toutes les formalités vous-même. Attention néanmoins, l'exercice est assez complexe.

Si vous êtes dans l'impossibilité de lui offrir le gîte, vous devrez compter pour cinq jours par semaine environ 4 000 QAR par mois.

Enfin, si vous n'avez besoin d'une employée de maison que quelques heures par semaine, mieux vaut faire appel à un prestataire de services. Comptez 35 QAR par heure pour du ménage courant et 45 QAR pour des travaux plus difficiles, comme un nettoyage de printemps.

Qatar Maid Services

7736 2999

Site : **http://www.qatarmaids.com/**

Qatar Services

4441 3462

Site : **http://qatarmaidservice.com/**

Swiss Label Maids

6670 4333

Site : **http://swisslabelmaids.com/index.php/site/home**

BABY-SITTING

Pour des gardes d'enfant ponctuelles, le plus simple est de faire appel à votre réseau ou à votre entourage. Contactez également Doha Accueil qui tient une liste à jour de jeunes francophones prêts à garder vos enfants.

Les tarifs varient de 25 à 35 QR l'heure, en fonction du lieu de résidence, somme à laquelle il convient d'ajouter le coût du transport. À west Bay Lagoon, les tarifs flambent parfois jusqu'à 40 QR. À vous de négocier !

Si vous ne parvenez pas à trouver votre bonheur, vous pouvez toujours faire appel aux agences multi-services qui proposent souvent des prestations occasionnelles de baby-sitting.

Faire garder son animal

Quand on part en expatriation avec un animal de compagnie, la question de savoir comment faire garder son animal pendant les vacances se pose. En effet, bien souvent les familles rentrent dans leur pays d'origine pendant une bonne partie de l'été, ou durant les vacances de Noël, et il faut donc trouver une solution de garde.

Plusieurs solutions s'offrent à vous :

PERSONNEL DE MAISON

Si vous avez du personnel de maison, une maid, négociez avec elle dès son recrutement qu'elle soit présente chez vous pendant les périodes où vous vous absentez afin qu'elle garde votre animal. Ceci signifie donc qu'elle prendra ses congés à une période où vous resterez au Qatar, ce qui peut constituer une contrainte.

FAIRE GARDER VOTRE ANIMAL À DOMICILE PAR UNE AGENCE

De nombreuses agences offrent ce service :

Happy Paws

Happy Paws propose 2 types de services :

- soit une personne s'installe chez vous et s'occupe de votre animal pendant toute la durée de vos congés ;
- soit une personne vient chez vous tous les jours rendre visite à votre animal.

En revanche, Happy Paws ne propose pas de pension pour animaux (sauf pour les petits animaux en cage du type hamsters, tortues et poissons).

Attention : pour les mois de juillet et d'août, qui sont très demandés, il faut réserver plusieurs semaines, voire plusieurs mois à l'avance.

Adriana (francophone)

Courriel : qhappypaws@gmail.com

Site : www.qhappypaws.com

Pet Sitter Qatar

Pet Sitter Qatar propose des services de garde de votre animal à votre domicile pendant votre absence.

Courriel : angie@petsitterqatar.com

Site : www.petsitterqatar.com

At Your Services Doha

At your Services Doha propose des services de garde de votre animal à votre domicile pendant votre absence.

Courriel : info@atyourservicedoha.com

Site : www.atyourservicedoha.com

FAIRE GARDER VOTRE ANIMAL DANS UNE PENSION POUR ANIMAUX

Pampered Pets Kennels & Cattery

Il s'agit d'une pension pour chiens uniquement, qui est située au nord de Doha, en direction d'Al Khor.

Tél : 55 88 41 32

Courriel : info@ppkdoha.net-ppkenquiries@hotmail.com

Site : www.ppkdoha.net

Catari Cat Hotel

Cette pension pour chats uniquement est située au nord de Doha en direction d'Al Khor.

Tél. : 44 93 24 81 – 66 00 39 97
Email : **info@cataricathotel.com**
Site : **www.cataricathotel.com**

CAFÉ « ANIMAUX DE COMPAGNIE BIENVENUS »

Pour les personnes aimant sortir avec leur animal de compagnie, le premier café « animaux de compagnie bienvenus » a ouvert ses portes à Doha.

Il s'agit du Quwwa Cafe situé à l'intérieur du compound Al Jazi à West Bay (ouvert à tous, même aux non-résidents d'Al Jazi).

Le Qatar s'est lancé, il y a déjà plusieurs années, dans la création d'une économie du savoir. Afin d'atteindre l'objectif de disposer d'élites intellectuelles à l'horizon 2030, le pays a exporté la fine fleur mondiale en matière d'éducation : Georgetown, UCL ou encore HEC. En dépit de cette offre abondante, il n'est pas toujours simple de trouver une place dans l'établissement de vos rêves. Au Lycée français Bonaparte, par exemple, chaque année l'établissement doit refuser d'intégrer de nombreux enfants ; il est donc essentiel de déposer le dossier d'inscription le plus tôt possible à compter de l'ouverture de la campagne de recrutement.

Les crèches

Votre nourrisson est en train de grandir à vue d'œil, vous devez reprendre le chemin du travail ou vous pensez que votre protégé est assez grand pour prendre le chemin de la crèche, voilà quelques conseils et adresses.

Vivre au Qatar est un peu contraignant pour les parents qui recherchent une crèche francophone, leur nombre étant limité.

Les crèches francophones sont majoritairement concentrées à West Bay. Il en est de même pour les crèches anglophones. Vous pourrez obtenir la liste quasi exhaustive des crèches sur Doha Mums :

Site : www.dohamums.com/doha-resources/nursery-guide.html

PERLES D'AVENIR

Perles d'avenir se situe sur la route qui mène à West Bay Lagoon. Son personnel accueille les enfants âgés de 2 mois à 4 ans du dimanche au jeudi de 6h30 à 17h.

Les éducatrices et animatrices sont françaises ou francophones et sont spécialisées dans la petite enfance. L'équipe pédagogique est complétée par une infirmière et une sage-femme.

À partir de deux ans, des sessions d'anglais ou d'arabe sont proposées aux enfants à raison de quelques heures.

Perles d'avenir nursery
West bay, Po box 207317, doha, Qatar
Tél./Fax : +974 44 817 611
Mob : +974 55 026 244
Courriel : info@perlesdavenirqatar.com
Site : www.perlesdavenirqatar.com

PETITS PAS

La crèche Petits Pas est située à West Bay, plus précisément à Dafna, Kibbar al Mouwazafinne area, Oweina Street. Les enfants y sont accueillis de l'âge de 3 mois jusqu'à 3 ans et de 7h à 17h.
Étant donné le nombre de demandes, il se peut que vous deviez faire face à une liste d'attente plus au moins longue pour trouver une place. Veillez à vous y prendre un peu à l'avance et gardez un contact régulier avec l'établissement jusqu'à ce que votre enfant y soit admis.
Vous aurez le choix entre la section française et la section anglaise.
Cette crèche fournit un service de restauration, ce qui est très pratique pour les mamans qui travaillent.

Garderie Petits Pas
Tél. : +974 44 834 250 / +974 55 818 804
P.O.box 17836
Petits Pas – doha – Qatar
Site : www. petitspasqatar.com
Courriel : info@petitspasqatar.com

KOALA NURSERY

Cette crèche bilingue - français et anglais - se situe en face de l'école libanaise à West Bay. Les enfants sont pris en charge à partir de deux mois jusqu'à trois ans et demi de 7h00 à 14h00. Si vous travaillez, il est possible de faire garder votre enfant jusqu'à 18h00.

Koala nursery
Quartier de West bay–dafna
rue des nations unies,
en face de l'école libanaise.
Tél. : +974 44 918 811
Courriel : info@koalanursery.com.qa

BUSY BEES NURSERY

Ouverte en 2004, cette crèche anglaise se situe à Al Waab, près du Villaggio.
Les enfants d'un an à quatre ans y sont accueillis. Ils pourront rester à la crèche de 6h00 à 16h00.
Suivant le cursus britannique, votre enfant aura la possibilité de poursuivre sa scolarité à Doha English Speaking School, Doha College Primary School, The American School of Doha et bien d'autres.

Busy bees nursery
Nadene Shameem
Tél. : +974 44 472 319/+974 66 563 265
Courriel : busybeesnurseryoffice@yahoo.co.uk
Site : www.busybeesnurseryqatar.com

CESK PRE-SCHOOL

Cela fait 20 ans que CESK est établi au Qatar. Cette crèche qui suit le curriculum britannique se situe à Al Waab, près de l'American School.
Elle accueille des enfants âgés de deux mois à 3 ans, de 7h00 à 15h00. La crèche travaille avec des infirmières titulaires.

Il se peut que vous deviez faire face à une liste d'attente, essayez de vous y prendre à l'avance lorsque vous aurez décidé de placer votre enfant en crèche.

CESK Pre-School doha-Qatar
P.O box 6273
Tél. : **+974 44 135 675**
Site : **CESKonline.com**

Les écoles francophones

Le Qatar compte deux écoles françaises : le lycée franco-qatarie Voltaire et le lycée Bonaparte. Néanmoins, l'école libanaise permet aux élèves d'intégrer la section française qui offre un enseignement renforcé dans cette langue.

LYCÉE BONAPARTE

Le lycée Bonaparte est un établissement français placé sous l'autorité de l'Ambassade de France, et géré par l'Agence pour l'Enseignement Français à l'Étranger.
De la classe de maternelle au lycée, l'établissement dispense un enseignement conforme au programme français. La mixité culturelle est largement encouragée puisqu'un large pourcentage d'enfants est d'origine étrangère et que les langues tiennent une large part dans le projet d'établissement.

Maternelle et école primaire

Avec 9 classes de maternelle, autant dire qu'il n'y aura pas de place pour tout le monde.

L'anglais et l'arabe sont les langues enseignées dès l'école maternelle avec des horaires renforcés pour tous les élèves.
A l'issue d'une procédure de sélection, certains enfants peuvent être scolarisés en classe bilingue (du CE2 au CM2). Les élèves bénéficient ainsi de 8 heures d'enseignement de la langue de Shakespeare, incluant 5 heures hebdomadaires de matières classiques – Mathé-

matiques et Humanités – en langue anglaise. Au grand dam de nombreux parents, cette filière devrait disparaître peu à peu.
Désormais, le personnel pédagogique rencontre les familles pour valider l'inscription. Un entretien a donc lieu pour mieux comprendre les motivations des parents et leurs choix éducatifs.

Collège

À compter de la sixième, les élèves peuvent choisir d'apprendre l'arabe en plus de l'anglais.

Une section européenne en anglais est proposée à partir du niveau de la 4e. L'espagnol est enseigné à partir de ce niveau. Il est possible d'apprendre néanmoins une autre langue, en s'inscrivant au CNED. Il n'est pas possible pour un élève de 3e d'intégrer les cours d'arabe s'il n'a pas déjà appris cette langue précédemment.

Lycée

L'établissement dispose de trois sections : S, ES et L (en fonction du nombre d'élèves).

Les élèves inscrits en section européenne au collège pourront poursuivre l'enseignement approfondi de l'anglais au lycée. L'Arabe peut être choisi en LV3 pour les élèves ayant reçu précédemment une formation dans cette langue. Dans le cas contraire, l'apprentissage de l'arabe devra être fait en s'inscrivant au CNED.

Tarifs

Vu de France ou d'ailleurs, les tarifs pourraient sembler élever, pourtant le lycée Bonaparte est l'établissement scolaire étranger le moins cher de Doha, après le lycée Voltaire.

Les montants des droits diffèrent en fonction de la nationalité de l'élève et s'ils sont acquittés ou non par l'entreprise employant l'un des parents.

NIVEAUX	NATIONALITÉ FRANÇAISE	AUTRES NATIONALITÉS	ENTREPRISES
Maternelle	20 391	25 610	26157
Elémentaire	20 664	26 266	26512

Collège	23 247	29 379	31 203
Lycée	27 032	35 228	40016

Tarifs annuels, montants en QAR (Qatari Ryal).

À ces tarifs, il convient d'ajouter 1 500 QAR de frais d'inscription.

lycée bonaparte

Le lycée bonaparte est situé à West bay. Al Intisar Street

Pobox : **6110 doha, QaTar**

Tél. : **+974 44 960 300**

Fax : **+974 44 835 808**

Site : **www.lycee-bonaparte.fr**

LYCÉE FRANCO-QATARIEN VOLTAIRE

Cet établissement franco-qatarien est né de la volonté politique conjointe de l'ex-Émir du Qatar son excellence Cheik Hamad Ben Khalifa Al Thani et de l'ancien chef de l'État français, Nicolas Sarkozy.

L'établissement est homologué jusqu'au collège. Un accord de partenariat a été signé avec l'AEFE.

La gestion de l'établissement est assurée par le Conseil d'administration composé de membres français et qatariens répartis à parité. Le Secrétaire général assure le lien entre le Conseil d'administration et le Chef d'établissement.

Cursus

Le lycée Voltaire suit le programme français et fournit un enseignement renforcé en anglais et en arabe.

L'apprentissage du chinois est proposé à compter de la classe de 6e et l'espagnol en 4e.

Des cours de religion sont dispensés en arabe, dès la grande section. Cette discipline est facultative pour les enfants non-qatariens.

L'établissement couvre les classes de la petite section à la 1e. Il s'étend sur trois sites : le site de West Bay qui n'accueille qu'une école primaire et le site de Waab (Aspire Zone) qui héberge à la fois une école primaire et un collège. Un troisième site vient d'ouvrir ses portes à la rentrée 2014 sur la Salwa Road qui accueille les enfants de la 6e à la seconde. À cette occasion, parmi les cinq classes de 6e de l'établissement, l'une est réservée aux filles.

Une classe de première a été ouverte à la rentrée 2015.

Tarifs

Le lycée Voltaire est le moins cher des établissements internationaux au Qatar.

Les tarifs pour l'année 2015-2016, en cours d'approbation par les autorités qatariennes, sont les suivants :

NIVEAUX	NATIONAUX QATARIENS ET ENTREPRISES	AUTRES NATIONALITÉS	NATIONALITÉ FRANÇAISE
Maternelle	33 629	29 085	18 206
Élémentaire	34 443	29 789	18 646
Collège	37 017	32 602	20 381
Lycée	37 017	32 602	20 381

Tarifs annuels, montants en QAR (Qatari Ryal).

Il convient d'ajouter aux tarifs figurant dans le tableau, 643 QAR de frais de scolarité et 203 QAR d'assurance pour la maternelle et l'élémentaire. Pour le collège et le lycée, seule l'assurance est due pour un montant de 200 QAR.

Site de West bay (de la petite section au Cm2)
Tél : +974 44 128 105
Fax : +974 44 213 022

Site de al Waab road (de la petite section à la 3e)
Tél. : +974 44 517 129
Fax : +974 44 517 131

THE LEBANESE SCHOOL

L'établissement scolarise des enfants de la classe de maternelle au lycée. Il comprend une section française et une section anglaise. L'arabe fait partie intégrante de l'enseignement. Les tarifs varient de 11 747 QAR pour la maternelle à 18 529 QAR au lycée.

The lebanese School
Tél. : +974 44 934 545 – poste 125
Email : registration@lebaneseschool.edu.qa
Site : www.lebaneseschool.edu.qa

MAGHREB INTERNATIONAL SCHOOL

L'école maghrébine dispense son programme en français. Les élèves étudient deux autres langues : l'arabe et l'anglais.

Maghreb International School
Tél : +974 4493 7212 / +974 4493 7211
Site : http://maghrebintlschool.com

Les écoles internationales

Le Qatar compte de nombreux établissements internationaux, il est donc très difficile d'opérer un choix. Le plus simple pour savoir à quoi vous attendre est de consulter les nombreux forums sur lesquels les parents échangent sur la qualité de l'enseignement.

ÉQUIVALENCE DE NIVEAUX DES SYSTÈMES FRANÇAIS ET ANGLO-SAXONS

Les écoles britanniques et américaines adoptent un système de classement différent de certains pays francophones. Voici un tableau qui vous permettra de comprendre les équivalences de grades. Vous trouverez, en outre ci-après une liste, non exhaustive, des écoles internationales du pays.

ÂGE	SYSTÈME FRANÇAIS	SYSTÈME BRITANNIQUE (YEAR)	SYSTÈME AMÉRICAIN (GRADE)
6-7	CP	2	1
7-8	CE1	3	2
8-9	CE2	4	3
9-10	CM1	5	4
10-11	CM2	6	5
11-12	6^{e}	7	6
12-13	5^{e}	8	7
13-14	4^{e}	9	8
14-15	3^{e}	10	9
15-16	2nde	11	10
16-17	1re	12	11
17-18	Terminale	13	12

SCOLARITÉ COMPLÉMENTAIRE INTERNATIONALE

Ce programme cible les familles françaises dont les enfants sont scolarisés dans une école internationale ou locale. Ces derniers pourront suivre à distance un enseignement renforcé des matières académiques en français, facilitant ainsi un éventuel retour en France. C'est aussi un bon moyen de conserver un lien avec la langue et la culture françaises.

Matières étudiées à distance

Les matières proposées sont les suivantes :

Grande section au CE1 : mathématiques, français, temps et espace.
CE2 au CM2 : mathématiques, français, histoire et géographie.
6e à la 3e : mathématiques, français, histoire-géographie-éducation civique.
2nde : mathématiques, français, histoire-géographie.
1re L : français, histoire-géographie, sciences.
1re ES : mathématiques, français, sciences économiques et sociales.
1re S : mathématiques, physique-chimie, sciences de la vie et de la Terre.
Terminale L : philosophie, littérature, histoire-géographie.
Terminale ES : philosophie, mathématiques, sciences économiques et sociales.
Terminale S : mathématiques, physique-chimie, sciences de la vie et de la Terre.

Inscription

Le CNED propose, pour le collège et le lycée, de choisir entre des cours totalement numérique ou des cours sur supports numériques et imprimés.

Pour le collège, les frais de scolarité sont de 389 euros pour la version numérique et 555 euros pour la version bimédia (numérique et imprimé). S'agissant du lycée, les coûts s'élèvent à 419 euros pour les cours numériques et 605 euros pour les leçons bimédia.

Cned

Site : www.cned.fr/inscription/441owdix/

AMERICAN SCHOOL OF DOHA

Cet établissement réputé à Doha dispense un enseignement de la maternelle au lycée. L'école donne la possibilité d'étudier le français, l'arabe et l'espagnol.

Inscription

Le processus de sélection est opéré à partir du dossier scolaire de l'élève, des éventuelles recommandations, des habitudes de travail et des tests.

Les parents devront adresser les bulletins scolaires des trois années antérieures. Les documents devront être traduits, certifiés, et laisser apparaître le tampon officiel du traducteur. Si votre enfant a auparavant passé des tests officiels, ils devront être adressés à l'établissement.

The American School of Doha

Al bustan Street / e ring road,
al Waab / al Soudan district
SW Quadrant
doha, Qatar
Tél. : +974 44 591 500

Frais de scolarité

MATERNELLE (DE 2 À 4 ANS)	32 857
GRANDE SECTION (5 ANS)	54 791
ÉLÉMENTAIRE	54 791
6E À LA 4E	71 255
3E À LA TERMINALE	71 255

Tarifs annuels 2014-2015, montants en QAR (Qatari Ryal).

COMPASS INTERNATIONAL SCHOOL

L'établissement accueille des enfants tout au long de l'année. Il a mis en place un programme qui permet de répondre à la demande d'une scolarisation pour une partie seulement de l'année, dans la limite des places disponibles naturellement.

Inscription

La Compass International School propose un enseignement de l'âge de 3 à 14 ans, sur trois sites différents :

1° Gharaffa Campus situé dans le quartier d'AL Gharaffa à Doha à proximité d'Education City. Le campus dispose d'une piscine, d'une grande salle polyvalente, d'un terrain de football, d'une bibliothèque comprenant des livres en anglais et en hollandais, une salle informatique et des salles de langues. Le bâtiment principal est un ancien palais royal.

2° le campus Madinat Khalifa est situé à environ 10 mn du campus Gharaffa. Il a été ouvert en 2010 pour répondre à la demande croissante. Il comprend des salles spécialisées pour les sciences, la musique, l'art, les technologies de l'information et de la communication et les langues. Une nouvelle salle de sport et une piscine devrait voir le jour prochainement.

3° le campus Rayyan comprend une salle informatique, une bibliothèque et un espace pour le jeu.

Les 3 à 5 ans sont scolarisés sur les sites de Gharaffa ou de Rayyan, les 5 à 11 ans peuvent intégrer l'un des trois sites et les 11 à 14 ans ne peuvent fréquenter que le campus de Khalifa.

Section néerlandaise

Pour les personnes de nationalité belge ou hollandaise, cette école est bien adaptée puisqu'elle compte une section néerlandaise.

En effet, L'école suit le programme néerlandais. Ils peuvent ainsi dispenser jusqu'à 5h de cours par semaine de langue et de culture hollandaises. Cet enseignement peut être suivi, à raison de trois heures par semaine, par des enfants scolarisés dans d'autres écoles.

Le programme néerlandais peut être suivi sur les sites de Gharaffa et de Khalifa.

Pour plus d'informations sur ce programme, contactez par mail le coordonnateur :

ntc-doha@wclschools.or

Frais de scolarité

Pour l'année 2014/2015 les frais s'élèvent à 60 899 QAR, auxquels il convient d'ajouter 567 QAR de frais d'inscription.

Compass International School doha

P.O. box 23479
Plot 13, al Waab al abareeq
Street Gharaffa area no. 31
doha, Qatar
Tél. : **+974 44 877 445**
Fax : **+974 44 877 446**
Email : **admissions@wclschools.org**

DOHA BRITISH SCHOOL

L'établissement fournit un enseignement conforme au programme national anglais de la maternelle au lycée. L'élève peut étudier le fran-

çais comme langue étrangère et l'arabe pour les arabophones uniquement.
L'école est située près de la Salwa road.

Inscription

Les élèves admis doivent pouvoir s'exprimer en anglais, et de préférence couramment.

Un test d'entrée est prévu pour sélectionner les candidats. L'établissement intègre de préférence les frères et sœurs déjà scolarisés dans l'école.

Frais de scolarité

PRE-SCHOOL	21 241
RECEPTION	31 378
YEAR 1 À YEAR 6	32 946
YEAR 7 À YEAR 9	42 452
YEAR 10 À YEAR 11	46 144
YEAR 12 À YEAR 13	62 755

Tarifs annuels 2014-2015, montants en QAR (Qatari Ryal).

Doha british School
P.O. box 6142, doha, Qatar
Tél. : 44 502 257 / 59
Fax : 44 502 235
Courriel : **info@dohabritishschool.com**

DOHA COLLEGE

Cet établissement, l'un des plus anciens de Doha, suit le programme britannique et fournit un enseignement de l'âge de 3 ans à 18 ans. Il jouit d'une excellente réputation, la liste d'attente est donc longue.
L'arabe et le français figurent parmi les matières enseignés à Doha College.

Inscription

Eu égard au grand nombre de candidats, l'établissement se veut sélectif. Ici, pas de place pour les mauvais, le mot d'ordre étant l'excellence.

Il n'y a d'ailleurs pas de passage automatique de l'école primaire au secondaire. Les élèves sont sélectionnés à partir des résultats de tests cognitifs et des bulletins des années précédentes. Même les enfants scolarisés à la maternelle seront évalués à partir d'un entretien et de rapports établis par l'établissement précédent ou la crèche. Les élèves de classe élémentaire devront passer un test d'écriture, de lecture et de mathématiques d'environ 90 minutes. Les plus âgés seront sélectionnés sur la base de tests cognitifs. Si vous vivez à l'étranger, vous pouvez demander que votre enfant passe les tests en ligne, si l'établissement dans lequel il est scolarisé s'engage à lui faire passer l'épreuve dans les conditions de l'examen. Pour le passage des tests, il vous en coûtera 200 QAR pour les enfants scolarisés dans les petites classes et 500 QAR pour les plus âgés.

Frais de scolarité

MATERNELLE	36221
ELÉMENTAIRE	40 898
COLLÈGE ET SECONDE	66143
PREMIÈRE ET TERMINALE	72 191

Tarifs annuels 2014-2015, montants en QAR (Qatari Ryal).

Doha College

Al Waab Campus
PO box 5404
Tél. : +974 44 076 777
West bay
Al Farouq Street, doha, Qatar
Tél. : +974 44 076 777

INTERNATIONAL SCHOOL OF CHOUEIFAT

L'établissement est membre du réseau SABIS qui gère des établissements scolarisant des enfants du grade Pre-K à K12. La première école qui intégra ce groupement fut l'International School of Choueifat, fondée en 1886

dans le village de Choueifat, une banlieue de Beyrouth.
L'école propose un programme permettant la scolarisation d'enfants de 3 à 18 ans. L'établissement concentre l'enseignement tout particulièrement sur la maîtrise de l'anglais, des mathématiques, des sciences et de l'apprentissage de langues étrangères.

The International School of Choueifat al Onaizah St. # 825
West bay area # 66doha, Qatar
PO box 22085
***Site :* www.iscdoha-sabis.net**

INTERNATIONAL SCHOOL OF LONDON

L'établissement est habilité à former au baccalauréat international (IB).
L'école dispense au niveau du primaire un enseignement transdisciplinaire ; les enfants sont invités à apprendre à partir de l'expérimentation et de l'exploration.
Les enfants plus âgés suivent un enseignement académique rigoureux conçu pour répondre aux besoins particuliers des adolescents dans un cadre international.
L'International School of London accueille des enfants âgés de 3 à 18 ans.

Frais de scolarité

3 À 4 ANS	29 613
4 À 11 ANS	48 410
11 À 14 ANS	53 818
15 À 16 ANS	60 307
16 À 18 ANS	68 959

Il convient d'ajouter 515 QAR pour les droits d'inscription au moment du dépôt du dossier, et 2 575 QAR supplémentaire au titre des frais d'enregistrement pour les nouveaux élèves.

International School of london
north duhail,
Umm Saläl muhammed,doha

***Tél. :* +974 44 338 600**
***Site :* www.islschools.org/qatar/**

QATAR CANADIAN SCHOOL

Cet établissement suit le système d'éducation d'Alberta considéré comme l'un des meilleurs systèmes éducatifs au monde, car il se centre sur l'enfant.
L'école fournit un enseignement de la maternelle au lycée.
Les matières principales sont enseignées en anglais, néanmoins le français est également étudié.

Inscription

Les parents doivent fournir :

une photo d'identité, les bulletins des deux dernières années, le formulaire relatif au règlement des droits d'inscription signé, une copie du carnet de vaccinations, le formulaire médical, une copie des passeports et de la carte de résident (si elle a été déjà établie). Tous ces documents doivent être fournis en anglais.

Frais de scolarité

SENIOR KINDERGARTEN	26 010
GRADES 1-5	36 210
GRADES 6-9	46 410
GRADES 10-12	49 470

Tarifs annuels 2014-2015, montants en QAR (Qatari Ryal).

Qatar Canadian School
P.O. box : 24359
Tél. : **+974 44 217 553 / 4**
Fax : **+974 44 217 556**
Courriel : **qcs@cna-qatar.edu.qa**
Site : **www.qcs.edu.qa**

SHERBORNE QATAR SCHOOL

Sherborne applique le programme britannique d'enseignement. Ils appliquent une politique stricte de « English Only ». Les enfants ne doivent donc pas parler d'autres langues à l'intérieur de l'établissement, à l'exception des leçons de langues étrangères.
Les classes comprennent de 18 à 24 élèves, en fonction du niveau scolaire. L'école propose aux élèves des cours de français et des cours d'arabes : Arabe langue étrangère et arabe langue mater-

nelle. Les enfants de religion musulmane suivent les cours d'études islamiques en anglais ou en arabe, tandis que les autres enfants suivent des cours de découverte du monde : questions mondiales, actualité et religions du monde.

La journée commence à 7h30 et s'achève à 14h30. Il est possible de suivre des activités extrascolaires jusqu'à 15h30 du dimanche au mercredi.

Les prix pour l'année scolaire 2014-2015 s'échelonnent de 35 000 QAR à 64 129 QAR en fonction de la classe, auxquels il convient d'ajouter 544 QAR pour l'examen du dossier et 2 722 QAR au titre des frais d'inscription. Les cours de soutien scolaire s'élèvent à 82 QAR la demi-heure.

L'établissement se trouve à proximité d'Education City.

Sherborne Qatar School

PO box 93503, doha, Qatar
Tél. : **+974 44 596 400**
Mobile : **+974 55 095 650**
Fax : **+974 44 596 412**
Site : **www.sherborneqatar.org**

AUTRES ÉTABLISSEMENTS

Pour le programme anglais ou américain, nous vous invitons à consulter les sites suivants :

ACS doha International
www.acs-schools.com/acs-doha
Al Jazeera academy
www.aja.edu.qa
Al rowad International School
www.ais.arrowad.sch.sa/newsite3/
Al Waltaniya International school
www.awisdoha.com/principals-message
Cambridge school Doha
www.tcsqatar.com
Cambridge school for girls
www.cisgqatar.com
Doha English speaking school
www.dess.org
Gulf English School
www.gulfenglishschool.sch.qa
Loydence academy
www.loydenceacademy.com
Newton International School
www.newtoninternationalschool.edu.qa
Park House English School
www.parkhouseschool.com
Vision International School
www.visqatar.org

Pour les autres programmes d'enseignement, nous vous invitons à vous reporter aux sites suivants :

Doha modern Indian school
www.dmisqatar.com
German School of doha
www.ds-doha.de
MES Indian School
www.mesqatar.org/admin/
Qatar academy
www.qataracademy.edu.qa

Qatar Finland International School
www. qatarfinlandschool.com
Qatar International School
www.qataracademy.edu.qa
SeK (enseignement renforcé en espagnol)
www.sek.qa
Tunisian school of Doha
http://www.tunisianschoolindoha.com

Les universités

Lancé depuis quelques années dans le développement de l'économie du savoir, l'État veut faire du Qatar un pôle de compétitivité régionale dans le domaine de l'éducation, de la recherche et des nouvelles technologies. Les étudiants trouveront dans ce pays de nombreux établissements d'enseignement supérieur où étudier en particulier, au sein de la zone géographique baptisée Education city. Cette partie de Doha accueille de nombreux campus, ainsi que le Centre des Sciences et des Technologies (Qatar Science and Technology Park – QSTP).

CARNEGIE MELLON UNIVERSITY

Cette université créée par l'industriel et philanthrope Andrew Carnegie a pour ambition de fournir un enseignement pluridisciplinaire qui aide les étudiants à résoudre les problèmes de la société et du monde en général.

Formations

L'établissement forme :

à la biologie, à l'informatique, aux systèmes d'information et au commerce.

Inscriptions

Outre le formulaire, scrupuleusement complété, le candidat devra fournir :

- les résultats au test SAT ou ACT ;
- les résultats du TOEFL ou IELTS ;
- une lettre de recommandation d'un membre du corps enseignant d'un établissement précédent ;
- les résultats de l'école secondaire ;
- un essai ;
- 1300 QAR pour l'enregistrement.

En cas de difficulté pour compléter le dossier d'inscription, l'établissement propose un mode d'assistance original sur Skype du dimanche au jeudi de 8h30 à 17h00, heure locale. L'identifiant skype est CMUQ-Admission.

Frais de scolarité

Ils s'élèvent à 49 610 dollars ou 181 077 QAR.

Sous certaines conditions, il est néanmoins possible de faire prendre en charge ces coûts en tout ou partie.
Pour la prise en charge d'une partie des frais de scolarité, voir ce lien :
Site : **www.qatar.cmu.edu/financial-aid-and-scholarships.**

Carnegie mellon University in Qatar

Education City
PO box 24866, doha, Qatar
Tél. : +974 44 548 400
Fax : +974 44 548 410
Site : **www.qatar.cmu.edu**

HEC PARIS

HEC Paris a ouvert ses portes au Qatar. L'établissement propose un MBA Executive et un Master spécialisé.

Executive MBA

Ce MBA a été conçu pour donner à l'apprenant une compréhension des aspects sociaux, économiques et environnementaux du commerce international, ainsi que les compétences nécessaires pour mettre en œuvre sa vision.

La formation met en particulier l'accent sur la stratégie, le leadership et l'environnement économique mondial. Des professeurs et des professionnels interviennent afin de donner une expérience pratique du monde des affaires.
La formation s'étale sur 15 mois, à raison de 4 jours par mois, ce qui est compatible avec la poursuite d'une activité professionnelle. Outre les cours correspondant au socle de base, vous pourrez opter pour deux modules parmi les huit proposés : luxe, aerospatial et aviation, énergie, marchés des télécom et du numérique, services, entrepreneuriat et innovation, réinventer le business pour les marchés émergents, perspectives du commerce mondial. Chacun des deux modules choisis font l'objet de deux sessions localisées dans deux endroits du monde différent, afin de créer des liens avec d'autres étudiants, et de constituer un réseau mondial (Paris, Beijing, Shanghai, Doha et Saint-Petersbourg).
Les frais de scolarité sont de 87 500 $.

Master de management stratégique d'une Business unit

Cette formation de 18 mois est dispensée à temps partiel, elle est donc compatible

avec la poursuite d'une activité professionnelle.

Les modules enseignés sont :
• comprendre l'environnement des affaires ;
• communication ;
• développement du leadership ;
• stratégie de gestion d'une BU ;
• la finance pour créer de la valeur ;
• opérations commerciales et gestion de la supply chain ;
• stratégie d'entreprise ;
• comptabilité et contrôle de gestion ;
• pratique de la négociation ;
• enjeux et perspectives dans une économie mondialisée ;
• manager le changement dans votre BU ;
• élaborer un plan d'affaires (Business plan) ;
• gestion des ressources humaines.

Inscriptions

Le processus d'admission se fait en plusieurs étapes :

• interview avec un conseiller d'HEC qui déterminera si vous avez ou non le profil pour cette formation ;
• compléter le formulaire en ligne. Vous devrez remettre un texte sur vos motivations, un CV, l'organigramme de la société dans laquelle vous travaillez, deux lettres de recommandation, vos diplômes légalisés et traduits, les résultats d'un test d'anglais (TOEIC, TOEFL ou IELTS) ;
• faire le Test HEC ou le Gmat ;
• interview avec le comité de sélection ;
• décision.

HEC Paris
Tél. : **+974 44 540 161**
Courriel : **info@hec-q.qf.org.qa**
Site : **www.exed.hec.edu/hec-qatar**

FRENCH ARABIAN BUSINESS SCHOOL

Manama (Bahreïn) n'est qu'à 45 minutes de Doha. Les cadres qui souhaitent suivre un MBA en part-time peuvent donc aussi se tourner vers FABS.

Cet établissement a été créé en 2007, grâce à un accord entre l'Arabian Gulf University et le ministère des affaires étrangères français.
FABS bénéficie d'une coopération avec l'ESSEC qui lui permet de développer des programmes de formation lui permettant de répondre aux besoins en compétences des pays du CCG.

À la suite d'une formation de 18 mois, à raison de 5 jours par mois, dont 2 semaines en résidence à l'ESSEC de Singapour, FABS délivre aux stagiaires un MBA.

Manama -Bahreïn
Tél. : +973 17 239 455
Site : **www.agu.edu.bh/fabs/default.aspx**

NORTHWESTERN UNIVERSITY

Cette université créée en 1850 dans le nord-ouest des États-Unis a étendu son activité au Qatar.

Formations

L'établissement propose des formations en communication, journalisme, média et politique, et une certification en études du moyen orient.

La Northwestern University forme également au Liberal Arts. Les matières sont très variées : anthropologie, histoire, psychologie, études religieuses, sociologie, philosophie, sciences politiques, anglais ou encore économie.

Inscription

La limite d'inscription pour la rentrée scolaire 2015-2016 est fixée au 1er février 2016. Au vu du nombre de documents requis pour entrer dans l'établissement, il convient de s'y prendre tôt :

- résultats du test ACT (test qui mesure ce que l'étudiant a appris durant sa scolarité) ou SAT (test mesurant les capacités verbales et l'aptitude au raisonnement). Un score de 5714 au SAT et de 1107 au ACT est requis ;
- résultats du TOEIC ou de l'IELTS ;
- deux rapports rédigés par les professeurs ;
- rapport sur les études secondaires du candidat.

Il ne s'agit que d'une partie des 12 documents demandés par l'établissement. Pour connaître, la liste exhaustive, rendez-vous sur le site de l'établissement.
Vous devrez verser 240 QAR au moment de l'inscription.

Frais de scolarité

Ils s'élèvent à 50 198 $ ou 182 722 QAR par an.

Sous certaines conditions, les frais de scolarité pourront être pris en charge en tout ou partie.

Northwestern University in Qatar

Suite 3226, Carnegie Mellon building education City
Doha, Qatar
***Courriel :* admissions@qatar.northwestern.edu**
***Tél. :* +974 44 545 100**

QATAR UNIVERSITY

La Qatar University a ouvert ses portes en 1973, avec une seule discipline. Aujourd'hui, l'établissement en compte 7 avec un accent porté tout particulièrement vers la recherche.

Formations

La Qatar University inclut plusieurs facultés :

Arts et sciences, économie et gestion, sciences de l'éducation, ingénierie, droit, pharmacie, Charia et études islamiques.

Inscription

Les formalités d'inscription diffèrent en fonction de la formation choisie.

En général, vous devrez passer un test et vous présenter à un entretien.

Frais de scolarité

L'établissement facture la scolarité en fonction du nombre de crédits d'heure nécessaire pour vous former.

Pour avoir un ordre d'idée, le coût du crédit débute à 400 QAR pour des études en droit par exemple et à 600 QAR pour les cours d'arabe.

Qatar University

Al Tarfa, doha 2713, Qatar
***Tél. :* +974 44 033 333**
***Site :* www.qu.edu.qa**

VIRGINIA COMMONWEALTH UNIVERSITY (VCU)

La très prestigieuse Virginia Commonwealth University (VCU), dont le siège est situé à Richmond en Virginie, a ouvert une antenne en 1998 à Doha. L'établissement propose des formations universitaires dans le domaine des arts, de l'architecture, du design et de la mode.
Les étudiants doivent être titulaires d'un diplôme dans cette discipline ou dans une discipline proche d'une université reconnue internationalement. Les candidats doivent notamment fournir un portfolio, trois lettres de

recommandations et un test, du type TOEFL ou IELTS, prouvant leurs compétences en langue anglaise. Vous devrez avoir atteint un niveau minimum de 88/120 pour le TOEFL sur internet (Internet-based TOEFL : iBT) et de 6.5/9 pour l'IELTS, ce qui signifie que vous êtes compétent et maîtrisez bien la langue mais avec des inexactitudes occasionnelles.
Lors du dépôt du dossier, vous devrez verser 183 QAR (50 $). Cette somme n'est pas remboursable.
Les droits de scolarité sont fixés à 86 355 QAR pour l'année scolaire 2015/2016. Il est néanmoins possible de faire financer les frais de scolarité par la Qatar Foundation, sous la forme d'un prêt ou d'une subvention. Pour plus d'informations rendez-vous sur la page spécifique d'Education City.

Virginia Commonwealth University in Qatar

PO box 8095
Al luqta Street
Education City
doha, Qatar
***Tél.* : +974 44 020 555**
***Courriel* : info@qatar.vcu.edu**

WEILL CORNELL MEDICAL COLLEGE

Cornell est une université de premier plan aux États-Unis. L'établissement est membre de l'Ivy League, un groupe d'universités d'élite réputées pour la qualité de leur enseignement. L'établissement forme principalement à la médecine.

Inscription

Pour s'inscrire, l'étudiant devra obtenir un bon score au SAT et au TOEFL.

En outre, il devra adresser une lettre de motivation, au minimum deux lettres de références et passer un entretien.

Frais de scolarité

Les frais s'élèvent environ pour la classe préparatoire à la médecine à :

48 880 $ par an et 50 950 $ pour les études de médecine.

Weill Cornell Medical College

Ar-rayyan, Qatar
***Tél.* : +974 44 928 800**
***Site* : www.qatar-weill.cornell.edu**

AUTRES ÉTABLISSEMENTS D'ENSEIGNEMENT SUPÉRIEUR

Vous trouverez sur le territoire qatarien de nombreuses autres universités, parmi lesquelles :

College of the north atlantic

www.cna-qatar.com/Pages/default.aspx

Georgetown University

www.qatar.sfs.georgetown.edu

Hamad bin Khalifa University

www.hbku.edu.qa

Qatar aeronautical college

www.qac.edu.qa

Stenden University

www.stenden.com/EN/LOCATIONS/QATAR/Pages/default.aspx

Texas a&m University Qatar

www.qatar.tamu.edu

UCl Qatar

www.ucl.ac.uk/qatar

University of Calgary

www.qatar.ucalgary.ca

Travailler

Voilà, c'est décidé ! Vous allez partir au Qatar pour y travailler. La première période d'excitation passée, vous vous interrogez sur les règles juridiques applicables dans ce pays en termes de permis de travail et de contrat. En bref, vous voulez savoir à quelle sauce vous serez mangé. Si vous êtes le conjoint du salarié, vous serez peut-être à la recherche d'un emploi.

Trouver un emploi

Plus que partout ailleurs, le réseau est la clef pour trouver un travail au Qatar. Néanmoins, si vous n'en disposez pas, vous pourrez consulter les petites annonces ou les sites web.

Sachez que l'anglais, ou devrions nous dire le Globish, est une compétence minimale requise pour travailler dans ce pays. Si de surcroît, vous parlez l'arabe, alors votre recherche d'emploi s'avérera encore plus simple pour vous.

LES SITES DE RECHERCHE D'EMPLOI

Quelques sites sont incontournables, si vous recherchez activement un emploi :

- Bayt ;
- Dubizzle ;
- Expatstoday ;
- Gulftalent ;
- Indeed ;
- Jobsinqatar ;
- Monstergulf ;
- Naukrigulf.

Pensez à vérifier fréquemment les sites de recruteurs importants dans le pays, comme la Qatar Foundation, AlJazeera, Qatar National Bank, Hamad Medical Corporation.

Bon à savoir

N'OUBLIEZ PAS DE CRÉER OU DE METTRE À JOUR VOTRE PROFIL LINKEDIN, VOUS RECEVREZ AINSI DES ALERTES D'EMPLOIS VACANTS CORRESPONDANT À VOTRE RECHERCHE.

Bien évidemment, vous devez rédiger l'ensemble des étapes de votre parcours professionnel en anglais.

L'APPLICATION « QATAR JOBS »

Les applications sont des compagnons idéals pour trouver un emploi. Plutôt qu'en télécharger plusieurs, pourquoi ne pas charger gratuitement « Qatar Jobs ».

Non seulement, vous y trouverez une grande partie des emplois disponibles au Qatar, mais aussi dans tout le Moyen-Orient. La liste des sites de recherche d'emploi contenus sur cette seule appli est longue, citons néanmoins : **Monster Gulf Aljazeera jobs, Qatar Petroleum, Dubizzle...** Qui dit mieux !

Site : **www.recruitment.aljazeera.net**

LES JOURNAUX

Deux journaux sont généralement consultés par les demandeurs d'emploi : Gulf-times et Péninsula.

LES RÉSEAUX SOCIAUX

De nombreux groupes sur Linkedin sont susceptibles de vous intéresser :

- Jobs in Qatar Doha ;
- Arabian Gulf Recruiters ;
- Qatar Business and Professional Network ;
- Qatarday.com ;
- Clarion Recruitment ;
- Digital Media and advertising professionals ;
- Qatar opportunities ;
- Qatar World Cup 2022 Project Opportunities.

CABINETS ET ASSOCIATIONS

Les femmes actives peuvent vivre une période difficile, lorsqu'elles arrivent au Qatar sans avoir de travail. Dans un nouveau pays, il n'est pas toujours facile de savoir comment s'y prendre pour mener une recherche d'emploi. Il en va de même des hommes qui suivent leur épouse ou qui perdent leur emploi. Les associations peuvent être utiles pour passer psychologiquement ces périodes de doute.

Doha French Speaking Professional Network

Il est utile de se regrouper pour travailler avec une communauté de chercheurs d'emploi, le CV, la lettre de motivation ou pour mettre en commun son réseau.

Telle est la vocation de Doha French Speaking Professional Network (DFPN) qui aide les expatriés francophones au Qatar dans leur recherche d'emploi, et leur apporte un soutien psychologique.
L'association organise tous les 15 jours un atelier de partage d'expériences les lundis matins dans les locaux de l'Institut Français du Qatar.
Contact : **dohafpn@gmail.com**

Global Women Qatar

Premier cabinet de recrutement pour les femmes uniquement, Global Women Qatar propose, aux candidates et aux clients, une approche personnalisée.

Pour vous mesdames, la première étape est d'entrer votre curriculum vitae au sein de leur base de données. Ainsi, dès qu'un client recherche un collaborateur, GWQ sélectionne le bon profil sur la plateforme.
Pensez, en outre, à consulter régulièrement les offres d'emplois publiées sur leur site.
Courriel : **info@globalwomenqatar.com**
Elsbeth BLekkenhorst
Tél. : **+974 33 836 906**
Danielle Duttenhofer
Tél. : **+974 66 453 423**
Site : **www.globalwomenqatar.com**

Qatar Professional Women Network

QPWN est un réseau professionnel regroupant des femmes qataries et des expatriées. Cette association poursuit un triple objectif :

- aider les membres à élargir leur réseau ;
- améliorer les compétences professionnelles ;
- bénéficier d'un partage interculturel.

L'association s'adresse tant aux femmes qui travaillent qu'à celles sans-emploi qui désirent maintenir leurs compétences et leur réseau professionnel. QPWN propose des réunions mensuelles de networking, des ateliers professionnels et des événements de plus large audience.
L'association adresse à ses membres une lettre d'information.
Il n'y a pas d'adhésion, les participants contribuent en fonction de l'importance de l'événement.
Courriel : **info@qpwn.org**
Site : **www.qpwn.org**

How women work

Ce réseau professionnel destiné exclusivement aux femmes a pour ambition de favoriser un développement personnel et professionnel.

How Women Work organise chaque année une conférence annuelle permettant aux demandeurs d'emploi, porteurs de projet et aux professionnels de se rencontrer afin d'étendre leur réseau.

Tél : 6688 7572 – 4412 4568
Courriel : info@hwwqatar.com
Site : hwwqatar.com

Obtenir un permis de travail

La première règle à retenir est que tout salarié doit être sponsorisé par une personne physique ou morale de nationalité Qatarienne. Néanmoins si l'épouse de l'employé trouve un travail dans le pays, elle pourra être sponsorisée par son conjoint. Ce système de sponsorship est appelé Kafala. Pour travailler, le salarié entré avec un visa de courte durée, devra obtenir un permis de résidence (Voir, Permis de résidence) qui lui sera délivré dans un délai d'environ six semaines. Celui-ci sera alors valable de un à trois ans.

Le sponsor

Les employeurs, les entreprises et les organismes gouvernementaux qui parrainent des travailleurs étrangers doivent remplir une demande et fournir les documents nécessaires pour le compte des salariés parrainés. C'est le cas, par exemple, si vous employez un employé de maison.

Les documents à remettre sont :

• un formulaire à compléter ;
• les diplômes légalisés (se rendre à votre ambassade) et le CV ;
• avoir réalisé les examens médicaux et avoir été soumis à un relevé d'empreintes ;
• fournir l'acte de mariage, s'il y a lieu, et les actes de naissance des membres de votre famille (conjoint, enfants).

Ces documents devront être traduits en arabe.

Sponsoriser un salarié coûte 352 QAR pour les particuliers et 1 052 QAR pour les sociétés.

Bon à savoir

L'ÉPOUSE BÉNÉFICIANT D'UN PERMIS DE RÉSIDENCE POUR LA FAMILLE PEUT TRAVAILLER AU QATAR. IL SUFFIT JUSTE QU'ELLE SE FASSE ENREGISTRER AU DÉPARTEMENT DU TRAVAIL DU MINISTÈRE DE L'INTÉRIEUR.

Dans ce cas, son conjoint sera le sponsor. En revanche, l'époux suivant sa conjointe doit avoir son propre sponsor pour être employé dans le pays. Il ne peut donc être sur le sponsorship de son épouse s'il souhaite travailler.

Le Contrat de travail

Avant de vous rendre au Qatar, assurez-vous d'obtenir une copie de votre contrat de travail afin de vérifier si les termes de l'accord sont conformes à ce qui a été négocié au préalable. Celui-ci sera élaboré en anglais et en arabe. Attention, en cas de litige c'est la version arabe qui fait foi. Il est donc nécessaire d'en demander également une copie, et d'en faire vérifier les termes par un arabophone. Une erreur pourrait s'y glisser, on n'est jamais trop prudent !

Bon à savoir

UNE RÉFORME DE GRANDE AMPLEUR DU DROIT TRAVAIL EST EN PRÉPARATION. LE SYSTÈME DE KAFALA (SPONSORHIP) DEVRAIT ÊTRE REMIS EN CAUSE AINSI QUE L'OBLIGATION D'OBTENIR UN CERTIFICAT DE NON OBJECTION DE L'EMPLOYEUR POUR CHANGER DE SOCIÉTÉ À L'INTÉRIEUR DU PAYS.

Cette nouvelle législation devait entrer en vigueur à la fin de l'année 2015, mais il semblerait que sa mise en œuvre prenne plus de temps que prévu.

DISPOSITIONS CONTRACTUELLES

Le contrat de travail doit contenir, à minima, les informations suivantes :

- intitulé du poste ;
- date de la conclusion du contrat et de l'entrée en poste ;
- le lieu de travail ;
- l'ancienneté (cas des contrats à durée déterminée) ;
- le montant du salaire et les avantages (indemnité logement, indemnité pour la scolarisation des enfants, par exemple).

PÉRIODE D'ESSAI

La période d'essai ne doit pas excéder 6 mois, et ne peut être renouvelée avec un même employeur. Ce délai court à compter de l'exécution du contrat de travail.

Pendant cette période de probation, l'employeur pourra résilier le contrat à tout moment s'il est prouvé que le salarié n'est pas compétent pour exécuter le travail qui lui a été confié, moyennant le respect d'un délai de préavis de 3 jours.

CONTRAT À DURÉE DÉTERMINÉE

Le contrat de travail à durée déterminée ne peut excéder 5 ans. Il peut être renouvelé avec l'accord des deux parties. Si le contrat de travail n'est pas renouvelé et si le salarié continue à exécuter la prestation de travail avec l'assentiment de l'employeur, à l'issue de l'expiration du CDD, le contrat sera considéré être renouvelé pour une période indéterminée, à moins que le contrat n'en dispose autrement.

CONTRAT À DURÉE INDÉTERMINÉE

Les contrats sont de plus en plus fréquemment conclus pour une durée indéterminée. Cette formule laisse en effet plus de flexibilité à l'employeur qui peut résilier le contrat selon un délai de préavis généralement prévu au contrat (un à trois mois) ou d'une indemnité de préavis, en compensation de la période non exécutée. Cette formule est paradoxalement moins protectrice que le contrat à durée déterminée.

Bon à savoir

POUR ALLER PLUS LOIN, VOIR LA LOI N°14 DE 2004 SUR LE DROIT DU TRAVAIL.
Le texte peut être téléchargé sur le site Hukoomi http://portal.www.gov.qa/wps/portal/topics/Employment+and+Workplace/Labor+Law

RUPTURE DU CONTRAT DE TRAVAIL

À l'initiative du salarié

Le salarié pourra mettre fin au contrat avant son terme, s'il s'agit d'un contrat à durée déterminée, ou ne pas respecter le délai de préavis s'il s'agit d'un CDI si :

- l'employeur ne respecte pas les règles contractuelles ou les dispositions du droit du travail Qatari ;
- l'employeur, ou l'un de ses commettants, a physiquement agressé le salarié ou commis un acte immoral envers l'employé ou un membre de sa famille ;
- l'employeur n'a pas dit la vérité à l'employé, au moment de la conclusion du contrat, sur ses conditions de travail ;
- le salarié est soumis à un grave danger lors de l'exécution de son contrat de travail, à condition que l'employeur ne puisse pas l'ignorer, et qu'il n'a rien fait pour y mettre fin.

À l'initiative de L'employeur

L'employeur peut mettre fin au contrat sans notification, et sans lui payer ce qu'il lui doit, pour les raisons suivantes :

- le salarié se fait passer pour quelqu'un d'autre ou fournit une fausse nationalité en communiquant des faux ;
- le salarié commet une faute causant des dommages matériels importants à l'employeur, à la condition d'avoir prévenu le Ministère du Travail, au plus tard un jour ouvrable après avoir eu connaissance de l'affaire ;
- l'employé a violé plus d'une fois les règles relatives à la sécurité au travail, en dépit d'en avoir été averti par écrit ; Il en va de même des obligations essentielles prévues dans son contrat ou par la loi ;
- l'employé a divulgué des secrets industriels ;
- l'employé a été l'auteur d'une agression dirigée

contre son employeur ou un manager ;
• l'employé a été trouvé en état d'ivresse ou sous l'influence de la drogue durant ses heures de travail ;
• l'employé a été absent plus de 7 jours consécutifs, ou 15 jours non-consécutifs dans un délai d'un an, sans pouvoir le justifier ;
• l'employé a été condamné par un jugement définitif, c'est-à-dire non constitutif d'appel, dans une affaire criminelle mettant en cause son honnêteté.

Bon à savoir

L'EMPLOYÉ QUI QUITTE SON TRAVAIL DOIT OBTENIR UN CERTIFICAT DE NON OBJECTION DE LA PART DE SON EMPLOYEUR (NOC) POUR POUVOIR TRAVAILLER DANS UNE AUTRE SOCIÉTÉ AU QATAR.
S'il ne parvient pas à l'obtenir, il devra attendre deux ans avant de retravailler dans le pays.

Entreprendre

Le Qatar offre des opportunités de faire des affaires, que ce soit la création de votre propre entreprise ou la vente de produits ou de services sur ce marché. Bien connaître la culture vous évitera néanmoins de faire un impair.

CRÉER SON ENTREPRISE

Un étranger peut créer son entreprise au Qatar. Il est toutefois soumis à certaines restrictions. La règlementation est différente en fonction du lieu d'installation de la société.

Zones spéciales

L'entreprise installée dans une « free zone » ou zone spéciale bénéficie d'un régime dérogatoire au droit commun.

Ces zones sont au nombre de trois : le Qatar Financial Center (QFC), Qatar Science and Technology Park (QSTP) et Education city. Dans cette hypothèse, la société peut être détenue à 100 % par un étranger.
Autre avantage, durant 20 ans la société ne sera pas soumise à la législation fiscale du pays. Cette période peut être renou-

velée pour une période similaire par décision du conseil des ministres. Enfin, l'entreprise peut rapatrier les capitaux et bénéfices sans restriction et importer en franchise des biens et des services.
Pour finir, il convient de noter que la société peut sponsoriser des employés.

Hors zones spéciales

Le régime est plus restrictif. D'abord, il vous faudra un sponsor Qatari, qui va devenir le personnage clef. En bref, il doit détenir, au minimum, 51 % de votre affaire. Ce qui signifie qu'il est majoritaire et peut prendre les décisions.

Le sponsor n'est pas tenu de contribuer financièrement. Il peut gérer ou non la société. Toutefois, il peut prendre seul la décision d'y mettre un terme.
Hors zone franche, la société sera imposable. Le taux d'imposition varie en fonction de plusieurs critères ; en moyenne, il tourne autour de 10 %.
La loi relative aux sociétés commerciales impose des formes sociales bien définies. Les principales sont :
Les sociétés à responsabilité limitée : elles peuvent compter de 2 à 50 actionnaires. Leur capital est au minimum de 200 000 QAR et doit être libéré dès la constitution de la société. La responsabilité des associés est limitée à leur participation.
Les sociétés par actions : le capital est au minimum de 10 000 000 QAR. La société doit compter un minimum de 5 associés.
Attention, faire faillite au Qatar est non seulement une faute morale, mais est aussi sanctionnée par la loi. Dans cette hypothèse, il peut s'avérer fort difficile pour le débiteur de quitter le pays.

Formalités de création d'entreprise

Tout d'abord, nous ne pouvons que vous conseiller de faire appel aux services d'un avocat. Il y a désormais de nombreux cabinets étrangers employant des francophones roués à la pratique des affaires.

Dans tous les cas, la route sera longue jusqu'au permis d'exercer (Trade Permit). Quand vous aurez choisi un nom pour votre future entité, il vous faudra remplir des formulaires et obtenir l'approbation de plusieurs entités, lesquelles diffèrent

en fonction de votre activité.
Vous pouvez consulter la liste des avocats francophones sur le site de l'Ambassade de France et la liste des avocats anglophones sur celle de l'Ambassade des États-Unis.

ARNAUD DEPIERREFEU (FRANÇAIS)
Cabinet Simmons & Simmons
Tél : +974 4409 6725

ARNAUD MONTOUCHÉ(FRANÇAIS)
Cabinet SquirePatton Boggs
Tél : +974 4453 2519

AVOCATS FRANÇAIS
Site : www.ambafrance-qa.org/Avocats-francais

AVOCATS ANGLO-SAXONS
Site : qatar.usembassy.gov/media/pdfs/local_attorney_list.pdf

FAIRE DES AFFAIRES : OÙ SE RENSEIGNER ?

Qatari French Business Club

Le Qatari French Business Club (QFBC) a été initié à la fin des années 90 par l'Émir Cheikh Hamad bin Khalifa Al Thani, et Jacques Chirac, alors Président de la République française.

L'organisation est présidée par Cheikh Nawaf bin Nasser Al Thani, CEO de NBK group. Son excellence Claude de Kemoularia, ancien ambassadeur de France, est président d'honneur.
Le Qatari French Business Club a pour mission de permettre aux hommes d'affaires qatariens et français de se rencontrer afin de promouvoir et de consolider les liens d'affaires entre la France et le Qatar. L'organisation a pour but de :

- faciliter l'échange d'informations et de connaissances entre ses membres ;
- faciliter les possibilités de réseautage (à la fois en France et au Qatar) ;
- encourager les interfaces efficaces entre les membres afin de faciliter les activités commerciales ;
- initier des partenariats entre les entreprises qatariennes et françaises ;
- profiter des nombreuses visites de hauts fonctionnaires et des cadres supérieurs de grandes entreprises des deux pays, afin d'échanger des informations.

Les droits d'inscriptions sont de 750 QAR pour une personne physique et 1 500 QAR pour une très petite société (moins de 10 personnes) et 3 000 QAR au-delà.
Le formulaire d'inscription est soumis à approbation.
Site : www.qfbcdoha.com/membership/apply-for-membership

Service Économique de l'Ambassade de France

C'est un service extérieur de la Direction Générale du Trésor. Il est chargé de :

- la veille et l'analyse des données économiques sur une base macroéconomique et sectorielle. Il éclaire notamment sur le risque pays ;
- l'animation des relations économiques bilatérales ;
- le soutien public au développement international.

Conseiller économique et chef du service économique de l'ambassade de France : Jean-Alexandre Egea
Tél. : + 974 44 021 777
West bay – PO box 4373 - Doha
Site : www.ambafrance-qa.org

Chambre de commerce du Qatar

La Qatar Chamber propose un éventail de services à la communauté d'affaires dans le pays pour favoriser l'investissement.

C'est ainsi que la chambre de commerce fournit des services de consultation, délivre un label qualité, des services de Due Diligence, des études de marché et organise des salons et des foires.

Qatar Chamber building

C ring road, Hilal Street
al Osseiri area,
P.O. box 402, doha, Qatar.
Tél. : +974 44 559 111
Fax : +974 44 661 693 / +974 44 661 697
Courriel : info@qcci.org / qcci@qatar.net.qa

Conseillers du commerce extérieur au Qatar

Les CCEF sont des dirigeants ou cadres d'entreprises françaises, tous bénévoles, qui ont pour rôle de favoriser le commerce extérieur de la France.

De façon pratique, ces professionnels, ayant une bonne connaissance du pays, sont d'excellents conseils en matière de création d'entreprise.

Liste des Conseillers du commerce extérieur de la France au Qatar :
www.qataractu.com/wp-content/uploads/2014/01/ Conseillers-commerce-ext%C3%a9rieur-de-la-France-au-Qatar.pdf

Business France

L'ancienne structure Ubifrance, baptisée désormais Business France née d'une fusion entre Ubifrance et l'AFII, accompagne les entreprises françaises à l'export : de l'étude de marché jusqu'au déploiement du projet, en passant par le financement.

Pour aller plus loin, lire l'ouvrage publié par ce service : *Guide des affaires Qatar 2014*.

Représentant Business France Qatar :
Pascal Roger
Tél. : +974 44 021 769

SALLES DE RÉUNION

Tous les grands hôtels des chaines internationales disposent de salles de réunions au sein de leurs business centers. Ces salles sont disponibles à la location, même si vous ne résidez pas dans l'hôtel.
En général il n'existe pas de location à l'heure, mais au minimum d'une demi-journée ou d'une journée.

Nous vous conseillons de privilégier les hôtels de West Bay : la situation y est centrale, car ils se situent à proximité des grandes institutions qatariennes et de nombreux sièges sociaux d'entreprises. En outre, les accès sont faciles et les hôtels sont connus des chauffeurs de taxi.
Vous préférerez peut-être un hôtel près de l'aéroport si vous recevez des clients qui viennent pour la journée au Qatar.

Parmi les hôtels de West Bay, citons :

Mövenpick Hotel West Bay Doha
(Bien préciser West Bay, en face du Four Seasons, à ne pas confondre avec le Mövenpick Hotel Doha situé à proximité de la Corniche et du Musée d'Art Islamique).
L'hôtel propose 6 espaces de réunion pouvant accueillir des groupes de 4 à 140 personnes.
L'avantage de cet établissement est de proposer des petites salles de réunions.
Pour information, l'hôtel ne sert pas d'alcool.
Contact : Mrs. Nermine Kharma
Tél : +974 4496 61 17 - +974 5586 11 89
Courriel : nermine.kharma@moevenpick.com
Site : http://www.moevenpick-hotels.com/en/middle-east/qatar/doha/hotel-west-bay-doha/meetings/

Intercontinental the City
(À ne pas confondre avec l'Intercontinental the Beach situé à proximité de Katara).

Situé à proximité de l'école française Bonaparte, l'hôtel est très connu de la communauté francophone.
L'établissement dispose de 6 espaces de réunion.
Minimum de facturation : 20 personnes
Tél : +974 40 15 88 88
Courriel : **roy.mrad@ihg.com**
Site : **http://www.ihg.com/intercontinental/hotels/gb/en/doha/dohwb/hoteldetail/meetings-events**

Parmi les hôtels près de l'aéroport, nous pouvons citer :

JW Marriott
L'hôtel propose 6 espaces de réunion.
Minimum de facturation : 10 personnes
Tél : +974 44 29 88 88
Site : **http://www.marriott.com/hotels/event-planning/business-meeting/dohmc-doha-marriott-hotel/**

Bon à savoir

POUR DES LOCATIONS DE SALLES DE RÉUNION À L'HEURE, IL EXISTE DES SOCIÉTÉS TELLES QUE SERVCORP QUI PROPOSENT CE TYPE DE SERVICE.
En revanche, il faut être client et être hébergé chez eux ou dans leur réseau.

Le système de protection de santé au Qatar est accessible à tous, indépendamment de la résidence ou de la nationalité. La santé publique est réglementée par le Conseil Suprême de la Santé. Le niveau de soins et l'équipement médical au Qatar sont bons. Le plan de santé 2011-2016 a pour objectif de porter le Qatar au niveau le plus élevé dans le classement mondial des systèmes de santé.

Le système de santé

Les résidents peuvent accéder aux soins gratuits grâce à une carte d'assurance maladie. Néanmoins, la plupart des entreprises disposent d'un système de prévoyance permettant à leurs salariés de se faire rembourser les frais engagés en cas de maladie au Qatar ou à l'étranger.

L'Etat qatarien travaille sur un projet de réforme du système d'assurance maladie qui s'applique aujourd'hui aux seuls nationaux et s'étendrait à l'ensemble de la population résidant au Qatar. L'entrée en vigueur prévue en 2015, a été repoussée en 2016.

LA CARTE D'ASSURANCE MALADIE

Elle vous donnera accès au service public de santé. Pour pouvoir l'obtenir, vous pouvez vous rendre directement au bureau de la « Health Card » dans n'importe quel hôpital géré par le groupement Hamad. Au formulaire qui vous sera remis, il conviendra d'y joindre plusieurs documents :

- copies des passeports, du visa ou de l'ID (carte d'identité du Qatar), deux photographies (4 x 3 cm), copie du contrat de bail et d'une facture Karahmaa (électricité) ;
- pour les enfants, le certificat de naissance et le carnet de vaccination.

Il ne vous en coûtera que 100 QAR pour obtenir cette carte qui vous donne accès gratuitement au système de soins de santé publique.

Les soins seront le plus souvent gratuits. Néanmoins, un montant additionnel peut être demandé pour certaines consultations ou traitements.

La Health card est renouvelable sur le site Hukoomi, le

site portail du gouvernement ou à la poste pour 100 QR.
Pour aller plus loin :
http://portal.www.gov.qa/wps/portal/services/inviduallandingpages/health+cards/renew+health+card

L'ASSURANCE SANTÉ

La majeure partie des expatriés bénéficient d'une assurance santé fournie par leur employeur. Avant de signer votre contrat, il est donc important, surtout si vous venez en famille, de vérifier qu'il s'agit bien d'un avantage compris dans les conditions contractuelles. Dans le cas contraire, il est très important d'en négocier les conditions.

Les praticiens

Vous trouverez ci-après une liste de médecins généralistes ou spécialistes. Nous vous invitons également à consulter le document mis à jour par l'Ambassade des États-Unis en 2014 qui propose un grand nombre de praticiens :
http://photos.state.gov/libraries/qatar/323250/pdfs/2014Doclist.pdf

LES MÉDECINS GÉNÉRALISTES

Les médecins généralistes sont une denrée rare au Qatar. Le plus simple, et tout particulièrement en cas d'urgence, est de vous rendre dans un hôpital, le Hamad ou l'Al Alhi Hospital, par exemple.

Giorgia Francesconi
Ce médecin francophone bénéficie d'un excellent bouche à oreille.
Doha Clinic
Tél : +974 4438 4333

Michel Ayoub
Médecin généraliste et chirurgien francophone
Al rayyan Village
Tél. : +974 66 729 110
Courriel : drmayoub64@yahoo.fr

Dr Sumaiya Ellam Zobairi
Ce médecin généraliste anglophone a suivi des études aux États-Unis.
Tadawi Medical Center
Old traffic Roundabout,
Bin Omran Area Fareej Kulaib
Tél : +974 4488 0887
Site : http://www.hbgq.org

LES MÉDECINS SPÉCIALISTES ET AUTRES INTERVENANTS

Cardiologue

Dr. Djamel Bendaas
Cardiologue francophone
Al-Ahli Hospital
Ahmed Bin Ali Street
Tél : **+974-6693638**
Site : **http://www.ahlihospital.com**

Dentiste

Dr Eric Chavaux
Ce dentiste français pratique à Doha depuis plus de 10 ans.
French dental Centre
Salam Tower 4th Floor
opp. Sheraton al Corniche Street
P.O.box 23876
Tél. : **+974 44 479 817**
Mob. : **+974 5502 3234**

Dr Rafif Tayara
Cette canadienne parlant français est dentiste pédiatrique et soigne donc exclusivement les enfants.
Dental Kingdom
Cedars dental Center – ahmed bin ali street – Wadi al Sail - doha
Tél. : **+974 66 655 411**
Tél. : **+974 50 610 062**

Dr Stéphanie Mouawad
Ce praticien est francophone, anglophone et arabophone.
Majestic Dental Center
Al Markhyia – League of Arab States Stree
Tél : **+974 44181509 – 44182192**
Courriel : **drsmouawad@hotmail.com**

Dr Antoine KAMEL
Francophone
Dr. Hassan Al-Abdullah Medical Center
250 D ring Road,
45 Old Airport Area
Tél : **+974 4432 3900 / +974 4465 0433 | +974 4465 0410 / +974 4455 0432**
Site : **http://drhassanmedical.com**

Dr. Ahmed Mekkaoui
Ce dentiste francophone a fait ses études au Liban.
Dentiste, dentisterie esthétique et prothésiste dentaire.
Majestic Dental Center
Al Markhyia – league of Arab States Street
Tél : **+974 4418 1509 / 4418 2192**

Dr. Eric Bernal Sauvetre
Dentiste et péridentiste francophone.
Queen Medical center
Villaggio Mall.
Tél : **(+974) 44190888**
Site : **www.queenmedical.com**

Dr Nafeh Nabil Fansa
Ce dentiste francophone assure également les soins des enfants.

British International Dental Centre
10th Floor, Salam Tower
Tél : +974 4411 7755 / 4460 6058
Site : http://www.qatardental.net

Dermatologue

Dr. Razan Hamideh
Al ahli Hospital
Tél. : +974 44 898 824
Mob. : +974 55 381 430
Courriel : hamidehrazan@hotmail.com

Docteur Yana Goncharova, PhD
Dermatologue ukrainienne, ce praticien parle le français, l'anglais et le russe.
Queen medical center
Villagio mall porte 7
Tél : +974 3002 8865/4419 0888
Site : www.queenmedical.com

Docteur Ahmed Ghazi
Ghazi Clinic
20 Al Ghariya Street, Kulaib 35
Ad Dawhah, Qatar
Tél : + 974 4486 4088

Diabétologue et endocrinologue

Dr. Nizar Albache
Ce praticien a fait ses études en France. Il est anglophone et arabophone.
Diabetes Center
New Salata - Al suez street
Tél. : + 974 4466 5955

Dr. Nabeel Isseh
Endocrinoloque américain, arabophone mais non francophone.
Al Ahli hospital
Ahmed Bin Ali Street
Tél : +974 4489 8888
Site : www.ahlihospital.com

Dr Mohammed El-Rishi
Ce médecin endocrinologue arabophone et anglophone, a étudié en Angleterre.
Al-Ahli Hospital
Ahmed Bin Ali Street
Tél : +974 4489 8888
Site : www.ahlihospital.com

Gastroentérologue

Dr Cecilio Azar
Parle le français, l'arabe et l'anglais.
Royal Medical Center
Al Muntazah street, West Hilal area
Tél : +974 44502050 / +974 44659501 / +974 44659505
Site : www.rmcdoha.com

Dr. Aref Kochaji
Gastroentérologue et endoscopiste francophone
Queen medical center
Villagio mall porte 7
Tél : +974 4419 0888
*Site :*www.new.queenmedical.com

Gynécologue

Dr Sonia Abu Saba
Gynécologue obstétricienne francophone.

Al Emadi hospital
(D ring road)
Tél : + 974 4466 6009
Site : www.alemadihospital.com.qa

Dr. Iva Bozovic
Anglophone
Al Mansour Polyclinic
Building no. 105, Zone 35,
860 Al Ghariya St, Doha
Tél : +974 4488 3377

Dr Human Qush
Ce praticien parle surtout l'allemand, qui est sa langue natale, et l'anglais. Il s'exprime un peu en français.
Elite medical Center
Tél. : +974 55 699 787

Dr Fawaz
Parle le français.
Hayat Médical Center
Tél : 4432 2701 / 4442 2566
Site : www.alhayatmedicalcenter.com.qa

Dr Walid Gergi
Gynécologue francophone.
Royal Medical Center
Al Muntazah Rawat al street
Tél : + 974 44502050

Dr Naïma Ouahrani
Gynécologue francophone
Al Rabeeh medical center
Tél : + 974 5522 3002

Dr. Noura Ali Awad
Gynécologue - Obstétricienne, francophone.

Al-Ahli Hospital
Ahmed Bin Ali Street
Tél : + 974 4489 8888

Dr. Zafer Aziz Esmandar
Gynécologue - Obstétricien
Parle le français, l'anglais et l'arabe.
Al-Hayat Medical Center
Al-Waab Area, Khaliji 11 street
Tél : + 974 4429 7296

Kinésithérapeute

Pauline Genevrois
Francophone
The International Psysiotherapy Center
380 Al-Markhiya Street
Doha, Qatar
Tél. : + 974 4466 1318

Nutritionniste

Pamela Jalk
Francophone
Nutritionniste spécialisée en maladies rénales et gastro-intestinales.
Byblos Médical center
Al Mamoura, villa 60,
à proximité de Parco Mall.
Tél. : + 974 4442 4235
Courriel : pamela.jalkh@gmail.com

Dr Assma Alsamail
Diététicienne francophone
Al Ahli hospital
Ahmed Bin Ali Street
Tél : +974 4489 8888
Site : www.ahlihospital.com

Ophtalmologiste

Dr Elie Hallak
Royal Medical Center
Al Muntazah Rawat st
Tél. : +974 44 502 050
Tél. : +974 44 659 501 / 505 / 492
Site : www.mcdoha.com

Dr. Alexander Arthur Bialasiewicz
Parle couramment l'anglais, le francais, l'allemand et le russe.
Al-Ahli Hospital
Ahmed Bin Ali Street
Tél. : +974 4489 8888
Site : www.ahlihospital.com

Dr. Katharina Breidenbach
Germanophone, francophone, anglophone et arabophone.
Al-Ahli Hospital
Ahmed Bin Ali Street
Tél. : +974 4489 8888
Site : www.ahlihospital.com

Dr. Bassem
Dr. Charbel Mhanna
Magrabi center
(Opposite lulu at D-ring road)
D Ring Road, Near Doha Airport.
Doha,Qatar.
Tél. : (+974) 44238888
Site : www.magrabihospitals.com

Dr Hynd Touaiba Mebarki
Al Ahli hospital
Ahmed Bin Ali Street
Tél. : +974 4489 8888

TROUVER UN MÉDECIN AU QATAR

En quelques clics, il est possible de connaître la formation d'un médecin, son expérience et son lieu d'exercice sur le site Meddy.

Le moteur de recherche vous permet de filtrer les informations en fonction de la langue parlée par le docteur, sa spécialité et son sexe.

Contact : www.meddy.co

Orthodontiste

Dr Joe Kharma
Ce praticien francophone a fait ses études en France. Une perle !
Cedars Dental Center
Wadi Al Sail West
Tél. : +974 4486 4088

Dr. Sawsan Ismail
Sawsan Ismail's Clinic
Maamoura
Tél : + 974 4451 0080

Dr Hicham Jalbouk
Francophone
Queen medical Center
Tél : + 974 6672 9795 / 4419 0888 / 4416 0499

Orthopédie

Dr Joseph & Adel Basile
Médecins francophones
Royal Medical Center
Al Muntazah street, Nuaija area, Al Hilal West
Tél. : +974 44 502 050 / 659 501 / 505 492
Site : http://www.rmcdoha.com

Dr Mana Murad
Francophone
Tadawi Medical Center
Madinat Khalifa South
Tél : +974 4488 0887 / 5583 2421

Dr. Alexandre NEHME
Francophone
Royal médical center
Al Muntazah Rawat al street
Tél. : +974 4450 2050

Dr. Matteo ReguscI
Aspetar Orthopaedic and Sports Medicine
Sports City Street, Qatar
Tél. : +974 4413 2000
Site : http://www.aspetar.com

Orthophonie

Docteur Hossam MANSOUR
Francophone, traite enfants et adultes.
Magrabi Hospital for eye, ent and dental
D Ring Road
Tél : + 974 4423 8888

Oto-rhino-laryngologie

Dr Ahmed Handoussa
Francophone
Magrabi Hospital for eye, ent and dental
D Ring Road
Tél. : + 974 4423 8888
Courriel : info.qatar@magrabigulf.ae

Dr AREF Awa
Al Ahli hospital
Ahmed Bin Ali Street
Tél. : +974 4489 888

Pédiatre

Dr Ghassan Zein-Addeen
Pédiatre syrien parlant français ayant étudié en France. Il est très apprécié de la communauté francophone.
Al-Hayat medical Center-doha
Près de Villagio
Mobile : +974 33 679 237
Tél. : +974 44 297 200
Courriel : ghssanz@gmail.com
Site : http://www.alhayatmedicalcenter.com.qa/dr-ghassan-assaf-zein-addeen.html

MEHDI AL-ADELI
Ce pédiatre allergologue parle l'anglais et l'arabe.
Hamad General hospital
Hamad Medical City
Tél : +974 4439 4444
Site : www.hamad.qa

DR RENU ARYA
Non francophone, parle l'anglais et l'arabe.
Dr Renu Arya est le médecin référent de plusieurs crèches et bien connu pour sa patience et sa gentillesse.
Tadawi Medical Center
Madinat Khalifa south
Tél. : + 974 4488 0887/+974 5583 2421.
contactdoctorrenu@gmail.com
Site : www.doctorrenu.com

DR BACHAR
Doctor Bachar Pediatric Clinic
Al Mirqab Al Jadeed
Tél. : +974 4435 2709

DR. MOHAMED ANAS BARAKAT
Ce pédiatre francophone exerce également en Allemagne.
Al-Ahli Hospital
Ahmed Bin Ali Street
Tél. : +974 4489 8888

DR. AHMED FAYEZ BAKR
DR. FATEH ABO RYAH MOKHALALATI
Pédiatres francophones spécialisés en néonatologie

Al-Ahli Hospital
Ahmed Bin Ali Street
Tél. : +974 4489 8888

Pneumologue

DR. ANIS BELHADJ HASSINE
Francophone
El Emadi Hospital
Al Hilal West
Tél. : + 974 44 666 009 / 44 551 233
Site : www.alemadihospital.com.qa

Psychothérapeute et Psychiatre

MME SIHAM SFEIR BISMAR
Diplômée en psychologie clinique et pathologique. Cette psychothérapeute parle français, anglais et arabe.
Tél. : +974 55 829 725
Courriel : sihamsfeir@hotmail.com/ siham.sfeirbismar@usj.edu.lb

KARIM KHALLADI
Psychologue clinicien et psychanalyste francophone,
Clinique Aspetar
Tél : + 974 4413 2572
Courriel : Karim.Khalladi@aspetar.com

DR GEORGES KARAM
DR JOHN FAYAAD
Ces praticiens sont psychiatres.
Royal medical center
Tél. : +974 44 502 050 / 44 659 501 / 505 / 492

DÉPRESSION ET EXPATRIATION

Les expatriés éloignés de leur pays d'origine, et tout particulièrement les conjoints à la recherche d'un emploi antérieurement actifs, peuvent traverser des épisodes de déprime, voire de grande dépression.

Pour lutter contre les phases dépressives, les anglo-saxons ont créé un groupe destiné aux femmes : **Qatar Expat Women's Positive Support Group.**

Les expatriés peuvent aussi consulter des psychologues en ligne :

http://www.qewsw.com/

http://www.psycho-consult.fr/consultations-psychologiques-en-ligne

http://www.telyt.fr/

Rhumatologue

DR. MAJID ABI SAAB

Francophone

Al Ahli Hospital

Ahmed Bin Ali Street

Tél. : +974 4489 8888

Urologue

DR. ABDULELAH AL ADIMI

Parle le français et l'arabe.

Al Emadi Hospital LLC

Tél : (974) 44-666-009 / 44-551-233

DR RUCHDI AL ATTAR

Anglophone

Syrian American Medical Center

Villa 147, Al Luqta Street, Al Luqta

Tél : +974 4019 1919

Les vétérinaires

Vous trouverez ici quelques pistes pour faire soigner votre animal de compagnie :

Qatar Veterinary center

Cet établissement offre les services suivants : vaccinations, médecine générale, chirurgie, anesthésie…

Deux centres :

- Au coin de Duhail st & Theebiya St, en face du centre de formation de la Police. Tél : 449 896 20

- Al awali street, pres du centre commercial Villagio.

Tél : 401 613 66

Numéro d'urgence : 6667 5235

(vendredi et durant les congés)

Ouverture : du samedi au jeudi de 8h a 20h.
Site : www.qatarvet.com

The Veterinary Surgery

L'établissement offre de nombreux services : vaccination, hospitalisation, adoption, toilettages, alimentation…

4 Omar Street
Bin Mahmoud Area
Tél. : (974) 4436 7187
Email : contact@dohavets.com
Site : http://www.dohavets.com

PHARMACIE POUR ANIMAUX

À Doha, vous ne trouverez pas de médicaments pour animaux dans les pharmacies traditionnelles.

Vous devrez vous rendre dans ce petit établissement :
GLOVET
Al furosya Road, près du Club équestre de Villagio
Tél. : + 974 5677

Les hôpitaux

En attendant l'ouverture de Sidra, un immense complexe hospitalier doté des dernières technologies, le Hamad, est aujourd'hui l'hôpital de référence dans le pays.

Hamad General Hospital

Tél. : +974 44 342 421
Tél. : +974 44 342 422
Urgences pédiatriques :
- Al Saad : +974 44 396 001 / +974 44 396 002
- Al airport : +974 44 677 672/ +974 44 677 674
- Al Rayyan : +974 44 819 989
- Al Daayen : +974 44 129 488

Site : http://www.hamad.qa

Al Ahli Hospital

Ahmed Bin Ali Street
C-ring, côté droit, face TV-roundabout
Tél. : +974 44 898 888
Fax : +974 44 898 989

Al Emadi Hospital

Al Hilal west - doha
Tél. : +974 46 666 009
Site : www.alemadihospital.com.qa

Al Khor Hospital

Situé à 50 Km au Nord de Doha, entre Al Khor et Al Dhakira.
Annexe de Hamad hospital.
Tél. : +974 44 745 555

Al Amal Hospital oncologique
Spécialisé dans le traitement du cancer.
Mohammad Bin Thani Street
à côté de l'hôpital des femmes.
Tél. : +974 44 397 700

American Hospital
Al Muntazah, à côté du Labour Department, C-ring road.
Tél. : +974 442 1999

Aspetar
Hôpital spécialisé en orthopédie et médecine sportive (une référence dans le domaine).
Sport City Street
Près du Khalifa Stadium
Tél. : +974 44 132 000

Doha Clinic Hospital
New El-Merqab Street, Fariq Al-Nasr
Emergency : +974 4327303 / +974 44 327 300
Site : www.doha-hospital.com

Rumailah Hospital
Il s'agit d'une annexe du Hamad hospital
Al Rumaila, Al Istiqlal Street a côté du village olympique, Doha, Qatar
Tél : +974 4393333
Site : http://rh.hamad.qa

Bon à savoir

SERVICE D'URGENCE

Pour les ambulances, la police ou les pompiers, composez le 999.

La Grossesse

LE SUIVI DE GROSSESSE

Félicitations ! Vous venez d'apprendre que vous attendez un heureux événement. La première chose à faire est de prendre rendez-vous chez le gynécologue.
Lors de votre première consultation, le médecin vous prescrira une batterie d'analyse de sang (taux de fer, d'hémoglobine...) et vérifiera que vous êtes immunisée contre la toxoplasmose et la rubéole.
Il vous demandera également votre groupe sanguin et celui de votre conjoint pour prendre des dispositions si l'un de vous est de rhésus négatif.
La prochaine visite aura lieu à votre 7e semaine d'aménor-

rhée. Le gynécologue procèdera alors à une échographie qui permettra d'écouter le cœur du fœtus. Durant le premier trimestre, vous devrez prendre de l'acide folique. D'autres médicaments pourront être prescrits, comme de la progestérone pour éviter autant que possible les fausses couches précoces.

À la 12e semaine d'aménorrhée, une autre échographie est programmée pour vérifier l'épaisseur de la nuque fœtale. Vous venez de finir votre premier trimestre, le médecin vous prescrira du fer, du calcium et des vitamines.

À la 14e semaine d'aménorrhée, vous pourrez vous soumettre au triple test pour vérifier que votre bébé est en parfaite santé. Si le test est douteux vous ferez alors une amniocentèse pour vous tranquilliser.

À la 23e semaine d'aménorrhée, votre médecin pratiquera une échographie de morphologie fœtale.

Lors de votre 27e semaine d'aménorrhée, vous devrez effectuer le test HGPO pour vérifier que vous ne souffrez pas de diabète gestationnel.

Chaque grossesse étant différente, le médecin décidera en fonction de l'évolution de celle-ci à quel rythme prescrire d'autres examens.

ACCOUCHER AU QATAR

Extrait de l'interview de Sophie Serlooten, sage-femme exerçant au Qatar.
Pour lire la totalité de l'interview, rendez-vous sur le site Qatar actu.

***Qatar actu* : Comment se déroule le suivi de la grossesse au Qatar ?**

***Sophie Serlooten* :** Le suivi est en général mensuel. Néanmoins, il diffère en fonction des habitudes du praticien. Certains peuvent accroître ce suivi à trois, voire deux semaines. La fréquence des échographies change là encore selon le médecin. En principe, elles sont effectuées tous les trimestres. Dans certains cas, le praticien la réalise à chaque consultation. Tous les examens classiques sont accomplis : tests sanguins, dépistage de la trisomie 21... Le dépistage de la toxoplasmose n'est pas systématique, car l'endémie est faible au Qatar. En revanche, il n'y a pas de consultation préalable d'anesthésie, sauf si la patiente le demande spécifiquement. Enfin, il est à noter que l'examen gynécologique n'est pas pratiqué s'il n'y a pas de risques particuliers, ce qui correspond à la pratique anglo-saxonne.

Qatar actu : Où les femmes peuvent-elles se préparer à l'accouchement et comment se déroule-t-il ?

Sophie Serlooten : Je propose cette préparation aux mamans enceintes, car les établissements hospitaliers n'organisent pas de cours dans ce domaine. Les femmes peuvent aussi se tourner vers des groupes de soutien, comme Positive Birth, ou des doulas (une doula est une femme qui accompagne la future maman durant sa grossesse et après l'accouchement).

S'agissant de l'accouchement, il convient de noter que le taux de césarienne est important au Qatar pour différentes raisons, en particulier, parce que la population locale est très demandeuse. La péridurale n'est pas systématique, cela dépend beaucoup de l'établissement où la femme accouche.

Qatar actu : Dans quels établissements les femmes accouchent-elles couramment ?

Sophie Serlooten : Il y en a trois principaux :

Le Hamad Hospital est la référence ici. C'est un hôpital public. Il pratique de nombreux accouchements, aussi la prise en charge est-elle peu personnalisée. Néanmoins, l'équipe est excellente et il y a une très bonne qualité de soins. L'établissement commence à accepter les papas en salle de naissance, mais ce n'est pas systématique. Il est très fréquenté par la population locale, il n'y a donc pas forcément de places disponibles. Dès lors qu'une personne détient la carte d'assurance maladie, les soins sont pris en charge.

Le Al Ali Hospital est un établissement du secteur privé très confortable. Il est plus cher, mais la qualité de soins y est bonne. La femme aura plus facilement accès à la péridurale. L'hôpital a une unité de néonatologie. Près de 50 % des expatriées accouchent dans cet établissement.

Citons également, **Doha Clinic** où les françaises sont nombreuses à accoucher, car l'un des docteurs qui y officie est apprécié de la communauté.

Qatar actu : Comment cela se passe-t-il en cas d'accouchement compliqué ?

Sophie Serlooten : En cas de risque de prématurité, les femmes sont transférées au Hamad Hospital. Il dispose d'un excellent service de néonatologie. Si le bébé a besoin de soins qui requièrent une grande expertise, c'est sans aucun doute le meilleur établissement.

***Qatar actu :* Les hôpitaux encouragent-ils les femmes à allaiter ?**

Sophie Serlooten : Ils sont généralement très baby friendly. C'est le cas du futur Sidra et du Hamad Hospital. Néanmoins, l'allaitement exclusif n'est pas très développé. La formule mixte, allaitement et biberons, est la plus courante. Si la femme veut allaiter, il est important qu'elle refuse de nourrir de temps en temps son bébé au biberon. Au cas où il serait nécessaire de donner du lait artificiel, il faut utiliser la seringue ou la pipette sinon il sera très difficile de reprendre l'allaitement.

Surtout pour un premier bébé, il est important pour les jeunes mamans de trouver un soutien à l'allaitement. Elles ne peuvent pas le trouver dans les établissements hospitaliers, car la sortie a lieu 24 h après l'accouchement. Il existe un groupe de soutien à l'allaitement animé par Sarah Hannibal, le Birth Feed Professional Group. Pour ma part, je me rends à domicile chez les mamans quand j'assure le soutien à l'allaitement pour les aider à passer la première semaine qui peut s'avérer difficile.

***Qatar actu :* Qu'en est-il du suivi du bébé ?**

Sophie Serlooten : Souvent l'établissement propose de retourner à l'hôpital après une semaine pour la vaccination. Le mieux, c'est de faire assurer ce suivi dès le départ par un pédiatre exerçant dans un cabinet afin d'éviter de mettre le nourrisson en présence de microbes. Le suivi est généralement mensuel et est rythmé par les vaccinations. Le BCG doit être fait à l'hôpital, les pédiatres ne peuvent pas l'effectuer dans leur cabinet. Bien qu'au Qatar les bébés soient vaccinés à la naissance, les mamans, surtout celles qui allaitent, peuvent demander de le faire plus tard.

***Qatar actu :* Qu'en est-il de la prise en charge du coût de l'accouchement ?**

Sophie Serlooten : La patiente doit lire attentivement son contrat pour connaître l'étendue de sa couverture d'assurance. Les polices contiennent souvent des forfaits accouchement. Il faut donc savoir ce qui est couvert et ne l'est pas. Pour être certaine de ne pas dépasser le plafond fixé par l'assureur, il peut être judicieux de demander un devis préalable au praticien.

Bon à savoir

SI VOUS RENTREZ ACCOUCHER À L'ÉTRANGER, VOUS DEVEZ IMPÉRATIVEMENT VÉRIFIER JUSQU'À QUELLE SEMAINE DE GROSSESSE LA COMPAGNIE AÉRIENNE LAISSE UNE FEMME ENCEINTE PRENDRE L'AVION.

Vous devrez être munie d'un certificat de votre médecin, daté d'un maximum de deux jours avant la date du voyage, lequel certifiera à quelle semaine de grossesse vous êtes.

ASSURANCE

Veillez à vérifier avec votre assureur quel est le plafond de remboursement. En ce qui concerne la grossesse, généralement l'assurance couvre pour un certain montant tout ce qui est « out » telles que les consultations de routine, les échographies, les examens de sang… et un autre montant couvre jusqu'à une certaine somme l'accouchement à proprement parler.

Si vous souhaitez accoucher à l'étranger, vous serez couvert, mais n'oubliez pas de demander avant de partir à votre assureur quelles sont les démarches à suivre, pour ne pas avoir à vous préoccuper des formalités au dernier moment.

Alcool et porc

Le Qatar est un pays régi par la charia (loi islamique). C'est pour cette raison que l'alcool et le porc sont strictement interdits. N'essayez pas d'en apporter dans vos valises parce qu'à coup sûr la police aéroportuaire vous les confisquera.

Vous pourrez cependant consommer de l'alcool dans les restaurants ou les bars des chaînes hôtelières internationales. Il vous sera également possible d'en acheter dans une boutique ayant le monopole de la distribution au Qatar et assez éloignée du centre-ville qui s'appelle QDC (Qatar Distribution Company), à la condition que vous disposiez d'un permis de résidence. Pour cela, il faut respecter des règles très strictes.

OBTENIR UNE LICENCE

Tout d'abord, il vous faut produire une lettre fournie par votre employeur mentionnant : votre salaire de base, qui doit s'élever au minimum à 4 000 QAR, l'intitulé de votre poste, votre statut matrimonial et les modalités relatives à votre hébergement (indemnité de logement, appartement de fonction...). C'est à cette condition seulement qu'un « permis d'achat d'alcool » peut vous être délivré. Une fois votre attestation en main, vous devez vous rendre à QDC et remplir un formulaire qui vous sera remis à l'entrée du magasin.

Muni de ces deux papiers, rendez-vous au premier étage, prenez un numéro et attendez votre tour. Une personne vous accueillera et examinera ces documents, après avoir réalisé une copie de votre carte d'identité de résident. Vous devrez payer un acompte de 1 000 riyals qataris, somme qui vous sera restituée à l'expiration de votre licence. Celle-ci est valable pour la durée de votre permis de séjour. Votre conjoint peut vous accompagner et avoir une carte en son nom qui lui permettra d'acheter de l'alcool, si vous n'êtes pas là. Néanmoins ce sera le même compte, ce qui veut dire qu'une seule limite s'applique aux deux cartes. Depuis, le 1er mai 2015, il n'est plus possible aux accompagnateurs (invités et conjoints non-munis de la carte) et enfants d'entrer dans le magasin.

Pour renouveler votre carte, il suffit d'adresser un email (**permit@qdc.com.qa**), le service administratif ne vous enverra pas de mail en retour, mais enregistrera bien votre demande de renouvellement. Rendez-vous dans les bureaux de QDC pour récupérer votre carte.

Tous les mois, vous avez droit à un plafond d'achat qui se calcule en fonction du montant de votre salaire, usuellement c'est 10 % du salaire. Le mois précédent le ramadan, vous aurez droit au double puisque QDC fermera ses portes pendant tout le mois du ramadan. QDC vend tous les genres d'alcool ainsi que des produits dérivés du porc : jambon, saucisse, saucisson, bacon…

RÉGLEMENTATION

Il n'est en aucun cas permis d'acheter de l'alcool pour quelqu'un d'autre. Chaque bouteille que vous achèterez sera liée à votre carte et vous serez l'unique responsable si la bouteille est retrouvée dans la rue, par exemple, sachant qu'il est interdit de consommer de l'alcool dans un lieu public. Après avoir acheté votre stock, vous devez impérativement rentrer directement chez vous, il est interdit de vous arrêter sur le trajet avec de l'alcool ou du porc en votre possession.

Il est à noter qu'il est strictement défendu de conduire au Qatar avec de l'alcool dans le sang. Dans ce domaine, la politique est la tolérance zéro. Si vous subissez un alcootest qui s'avère positif, vous encourez une peine allant jusqu'à trois ans de prison même si vous n'avez bu qu'un seul verre. Vous resterez en prison jusqu'à votre jugement et cela peut durer six mois. L'alternative est une expulsion immédiate. Vous risquez alors de perdre votre travail et votre logement. Cette peine est assortie d'une amende allant de 10 000 à 50 000 QAR.

Qatar distribution Company (QdC) - doha

Près de la Wholesale market street, contigu à la Qatar Independant Technical School.

Tél. : **+974 44 699 412**

Horaires : **du samedi au jeudi de 9h à 21h**

Fermé le vendredi et le mois du ramadan

Bon à savoir

SI VOUS BUVEZ UN VERRE D'ALCOOL AU COURS D'UNE SOIRÉE, MIEUX VAUT PRENDRE UN TAXI OU RENTRER AVEC QUELQU'UN QUI N'A PAS BU.
L'état applique la tolérance zéro. Conduire avec de l'alcool dans le sang peut vous mener tout droit en prison ou à être expulsé du pays.

Boulangeries

EATOPIA

Situé au premier étage du centre commercial « The Gate » (Westbay), Eatopia est un restaurant, une épicerie fine, une excellente boulangerie mais aussi et surtout une merveilleuse pâtisserie ! Allez donc y faire un tour, vous ne le regretterez pas !
The Gate Mall, West Bay
Tél : 4020 6400

FRENCH OLIVE

Ce magasin, véritable concept-store, comprend une boulangerie, une pâtisserie française et un restaurant.
Barwa Al Sadd, C-Ring road
Tél : + 974 4444 4777

KEMPISKI

La boutique « Gourmet House » se situe à l'entrée du Kempinski au cœur de West Bay.
Vous y trouverez un bel assortiment de pains artisanaux, de pâtisseries et de viennoiseries typiques de la vieille Europe ainsi que des encas à consommer sur place ou à emporter.
Une excellente adresse pour se faire plaisir le week-end. Bénéficiez de prix cassés entre 19 et 21 heures !
Ouverture : **de 7 à 21 heures.**
Kempinski
Tél. : +974 44 053 326
Courriel : **gourmet.doha@kempinski.com**

LA CIGALE TRAITEUR

Au sein de l'hôtel la Cigale, ne manquez pas sa galerie, vous aurez l'embarras du choix pour de succulentes pâtisseries (sans doute les meilleures de Doha), ainsi que des pains et viennoiseries. Laissez-vous tenter par le rayon des crêpes chaudes qui devrait séduire petits et grands.

En bref, une adresse classique et incontournable pour les connaisseurs de Doha.
L'hôtel est proche du croisement de la C-Ring road et de la Salwa road.
L'hôtel la Cigale
Suhaim bin Hamad Street,
al Sadd, doha
Tél. : +974 44 288 888

MONOPRIX

Il faut vous arrêter absolument au rayon boulangerie du magasin Monoprix ouvert récemment à West Bay.
Prenez garde à ne pas vous laisser tenter par une baguette tradition toute chaude sortie du four. Le pain est excellent et en tête de liste des meilleures adresses de Doha. En outre, certaines boules de pain, certes onéreuses, se conservent plusieurs jours en gardant leur saveur intacte....
Le rayon pâtisserie est également de très bonne facture.
Ouverture : tous les jours de 8h à 22h.
Twin Palm Tower (en face de la tour Tornado), al dafna, West bay, doha
Tél. : +974 44 146 642

PAUL

Paul, chaîne de boulangeries et pâtisseries françaises fondée en 1889, est implantée en franchise au Qatar.
Les boutiques Paul proposent une large gamme de pains, baguettes, pains spéciaux et pâtisseries, à emporter ou pour se restaurer sur place. Vous y trouverez même des galettes des rois en janvier !
Centres commerciaux du Villagio, du landmark et du laguna mall.

Supermarchés

AL MEERA

Cette chaîne possède de nombreux magasins dans le pays. Leur offre est très variée. Le rayon fruits et légumes l'est également.
Site : www.almeera.com

CARREFOUR

Dans la plupart des centres commerciaux du Qatar, vous trouverez l'enseigne française Carrefour (City Center, Villaggio, Landmark, Ezdan Mall, Lagoona Mall, Salam Mall).

Vous pourrez faire vos courses dans deux types de Carrefour : l'hypermarché et le Carrefour Market qui est plus petit, mais un peu plus « haut de gamme », ses prix s'en ressentiront d'ailleurs.
Vous trouverez dans les rayons des produits de la marque Carrefour, des produits français et régionaux. Comme dans la plupart des supermarchés au Qatar, il y a souvent des ruptures de stocks.
Carrefour est meilleur marché que beaucoup d'autres enseignes internationales.
Site : **www.carrefourqatar.com**

Bon à savoir

UN PETIT CONSEIL, LORSQUE VOUS TROUVEZ DES PRODUITS QUE VOUS APPRÉCIEZ ET QUI SONT DE LONGUE CONSERVATION, N'HÉSITEZ PAS À EN ACHETER PLUSIEURS BOÎTES.

LULU HYPERMARKET

Vous retrouverez cette chaîne de supermarchés un peu partout dans le pays. Ils s'étendent souvent sur de grands espaces. Ces magasins ont une très large variété de fruits et légumes provenant du monde entier. Vous y trouverez presque tout. C'est plutôt la communauté indienne qui fréquente ce supermarché. La viande y est généralement très bonne et bon marché.
Site : **qatar.luluhypermarket.com**

Bon à savoir

LES « LULU » ONT SOUVENT DE BONNES OFFRES SURTOUT EN MATIÈRE D'ÉLECTROMÉNAGER ET DE JOUETS POUR ENFANTS.

MEGA MART

Le Mega Mart se situe près du pont du Jaidah, avant l'intersection de l'hôtel Ramada. Vous y trouverez surtout des produits américains ou d'autres articles que vous trouverez difficilement ailleurs, par exemple, de la farine sans gluten, certaines marques de biscuits ou de chocolats et même certaines épices.

Ce supermarché est notamment connu pour ses viandes et poissons.

Vous y trouverez de très beaux fruits et légumes, mais sachez que ce magasin est plus cher que les autres supermarchés. Pour faire attention à son portemonnaie, il est préférable de limiter ses achats à des produits spécifiques.

Bon à savoir

VOUS Y TROUVEREZ NOTAMMENT DES CAPSULES NESPRESSO.
En outre, sachez que le rayon alimentation asiatique est très bien fourni.

MONOPRIX

Il est tout comme le vrai, vous ne serez donc pas perdu : des produits de soins et de beauté, des produits pour la maison, le prêt à porter. À cela s'ajoute le fait que plus de la moitié du magasin est réservée à l'alimentation. Vous y trouverez un vrai rayon bio, un boucher, un poissonnier, un fromager et une boulangerie qui ferait pâlir d'envie certaines enseignes parisiennes. Enfin, le magasin dispose d'un rayon traiteur. Il vous sera même possible de déguster les mets sur place. On pourrait se croire l'espace d'un instant à la « Grande épicerie » du bon marché, rue de Sèvres, à Paris.

Twin Palm Tower, majlis al Taawon St, doha 4414 6642

SPINNEYS

L'enseigne anglaise a trois implantations : l'une située dans le centre commercial The Mall et deux autres à Pearl. Vous y trouverez la marque Tesco.

Bien achalandé, ce supermarché vend presque tout ce dont vous avez besoin. Le seul hic, c'est que l'enseigne pratique des prix assez élevés surtout en ce qui concerne les fruits et légumes.
Pour finir, noter que le dernier né de la chaîne Spinneys a ouvert ses portes, il y a peu, à Pearl, dans Medina Centrale, tout près du nouveau cinéma. Il jouit d'une surface de 4 000 m² comprenant une boulangerie, une boucherie, une charcuterie et... un Virgin.
Site : www.spinneys.com/Qatar

Centres commerciaux

CITY CENTER

Situé au cœur de West Bay, City Center est le centre commercial le plus central, construit sur 5 niveaux, avec plus de 380 magasins. Vous y trouverez un carrefour, une pharmacie, des banques, des restaurants, des salles de cinéma, une patinoire... Concernant les boutiques, il y a plusieurs magasins de sport ainsi que de l'électroménager et des articles pour la maison. En ce qui concerne les vêtements vous y trouverez désormais de grandes enseignes européennes : Mango, Promod, Camaieu, Veromoda, Pierre Cardin... Le centre commercial dispose d'un parking mais le week-end c'est la croix et la bannière pour y trouver une place et souvent la fil des voitures pour entrer au parking est longue de plusieurs mètres. Pour ceux qui aiment la viande, un Hippopotamus a ouvert ses portes au City Center et pour les amateurs de cuisine asiatique Noodle House y est désormais représenté.
Ouverture : du samedi au mercredi de 10h à 22h, les jeudis de 10h à minuit et les vendredis de 15h à minuit.
West bay, al dafna
Site : www.citycenterdoha.com

Bon à savoir

SI VOUS FAITES VOS COURSES CHEZ CARREFOUR ET QUE VOTRE PANIER DÉPASSE 100 QAR, LE CAISSIER VOUS REMETTRA UN BON POUR DEUX HEURES DE STATIONNEMENT GRATUIT.

THE GATE MALL

Situé à West Bay, The Gate Mall est dédié au luxe. Vous y trouverez parfumerie, linges et articles de maison, chaussures, sacs... et même une boutique Audi. Les grands noms y sont représentés tels Burberry, Ralph Lauren, Paul and Shark...
On y trouve également des restaurants, comme le célèbre Jones the Grocer, et le salon de thé Angelina. Si vous passez par là, vous verrez que ce centre commercial est souvent peu fréquenté.

Ouverture : du samedi au jeudi de 10h à 22h, le vendredi de 15h à 22h.
Maysaloun Street, West bay
Tél. : +974 44 077 201
Site : www.thegate-qatar.com

LAGOONA MALL

Un centre commercial qui s'adresse à la clientèle privilégiée de The Pearl et West Bay Lagoon qui se trouve à proximité. Ici, tout n'est que luxe, chic et distinction.
Les marques qui s'installent visent donc une clientèle haut de gamme : Jeff de Brugges pour les chocolats, le designer allemand Kare pour l'ameublement et le constructeur d'instruments de musique Yamaha. Vous l'aurez aisément compris, on ne vient pas ici pour faire des économies.
La Fnac a ouvert ses portes en mai 2015. Vous y trouverez les produits habituels et des livres en français, en anglais et en arabe.

Ouverture : du samedi au mercredi de 10h a 22h, les jeudis de 10h à minuit et les vendredis de 14h a minuit.
Prolongement des Zig Zag Towers – West bay
Tél. : +974 44 257 766
Site : www.lagoonamall.com

LANDMARK

Le Landmark est un centre commercial où il est très agréable de faire ses courses. Vous y trouverez un Carrefour, des pharmacies, un Marks and Spencers, des magasins de chaussures, les enseignes internationales telles que Mango, Pull and Bear, Zara, H&M, Okaidi, Gap, Benetton, Lacoste, Sephora, Massimo Dutti, Early learning Center... On y trouve aussi des banques, un Virgin Mégastore, des magasins de sport, une parfumerie...
Plusieurs restaurants se trouvent au Landmark ; outre certains fast food, vous pouvez notamment déjeuner Chez Paul, au Casper & Gambini's et à The Noodle House.

Le centre commercial dispose d'un parking en plein air et d'un autre souterrain. Les jours de grandes affluences vous pouvez aussi vous garer derrière le bâtiment, la rue est pleine de place de parkings.

Ouverture : du samedi au mercredi de 9h a 22h, les jeudis de 9h a 23h, les vendredis de 13h30 a 23h.
al Shamal road, Gharaffa
Tél. : +974 44 875 222
Site : www.landmarkdoha.com

VILLAGIO

Assez excentré, situé à côté du parc Aspire, vous trouverez au Villaggio les enseignes internationales telles que Mango, Zara, H&M, Massimo Dutti… ainsi que les enseignes de luxe, à l'instar de Prada, Cartier, Bulgari, Ralph Lauren, Tod's, Gucci, Tiffany, Mont Blanc, Desigual, Celio, Banana Republic, Pimkie, Promod, Next, Top Shop, Tape a l'oeil, Geox, American Eagle, Daiso, Séphora…

Vous y trouverez aussi des pharmacies, des banques, un carrefour, un Marks and Spencers, un Virgin Mégastore, une patinoire.

Si vous souhaitez aller au cinéma, nous vous conseillons de vous rendre au Villaggio qui compte de très belles salles.

En ce qui concerne la restauration, en plus du food court qui propose des grandes enseignes de restauration rapide, vous pourrez boire un café Chez Paul, déguster un macaron chez La Durée, manger une excellente viande au Butcher shop et acheter du chocolat chez Le nôtre.

Un Sephora est également ouvert au Villaggio.

Pour le plus grand plaisir, des grands comme des petits, Le centre commercial est traversé par un canal que vous pouvez emprunter en gondole.

Le centre commercial dispose d'un parking. Le week-end, il faut prévoir une quinzaine de minutes pour trouver une place pour se garer.

Ouverture : du dimanche au mercredi de 9h à 22h, les jeudis & samedis de 9h à 23h, les vendredis de 13h à 23h.
Al Waab Street, al aziziyah
Tél. : +974 44 421 766
Site : www.villaggioqatar.com

Bon à savoir

IL PEUT S'AVÉRER TRÈS DIFFICILE DE SE GARER LE WEEK-END AU VILLAGIO, ALORS POURQUOI NE PAS UTILISER LE SERVICE DE VOITURIER DE L'HÔTEL « THE TORCH ».

Durant la saison chaude, vous pourrez emprunter le tunnel de verre pour vous rendre directement au Villagio. Après une séance éreintante de shopping, allez déguster un thé et des délices sucrés au Torch Tea Garden, situé au 21e étage, et profitez d'une belle vue sur la ville. Attention, les bermudas sont interdits !

GULF MALL

Ouvert très récemment, ce centre commercial accueille des marques encore non représentées au Qatar, comme Reserved, Piazza Italia, Oculis, Crazy 8, Tezenis, Calzedonia, Punt Roma, Jules, Old navy, la Brioche Dorée, PF Changs et le célèbre IHop.
Un cinéma devrait également ouvrir ses portes d'ici peu. Le centre abrite également un supermarché Al Meera et la boutique japonaise Daiso.
Gharafa Area,
face au Lulu Hypermarket

Marchés

AL MAZROUAH YARD

Situé au Nord de Doha, ce marché fermier est ouvert le jeudi, vendredi et samedi, de 7h à 17h du mois de décembre au mois de mai. Vous trouverez à Mazrourah Yard un bel assortiment de fruits, de légumes et même du poisson. Ce n'est cependant pas tout, puis que vous pourrez acheter des plantes, du poisson, mais aussi du bétail (chèvres, poules...).
Le seul hic, c'est qu'il vous faudra tout acheter en grande quantité, de 2 à 4 kilos. Alors, ou vous avez une grande famille ou il faudra vous y rendre avec des copains. Au final, vous ferez des économies puisque vous pourrez acheter 4 kilos de tomates pour 20 QAR et 3 kilos de poivrons pour 12.
Voici une bonne manière de faire travailler les produc-

teurs locaux. Si les fruits sont exportés, les légumes sont cultivés dans des fermes des environs.

Site : https://maps.google.com/maps/ms?ie=UTF8&oe=UTF8&t=h&msa=0&msid=204406865220396432103.0004d1c17e85fd7759501&dg=feature

AL KHOR FARMER MARKET

Sur ce marché très récent, ouvert en janvier 2014, vous trouverez des produits frais récoltés par les fermiers de la région.

Ouverture : le jeudi, vendredi et samedi, de 7 h à 17 h.
Al Khor – en face d'al Khor hospital
Tél. : +974 55 880 878

MARCHÉ DES FRUITS ET LÉGUMES D'AL WAKRAH

Des producteurs locaux de fruits et légumes y proposent de très beaux produits à petits prix.
Ce marché est ouvert les jeudis, vendredis et samedis de 7h00 à 17h00.
Pour s'y rendre à partir de Doha, il faut prendre la route vers le sud, direction Al Wakrah, puis une fois arrivé à Al Wakrah, suivre les indications de l'hôpital. Le marché se trouve juste en face.

WHOLESALE MARKET

Ce marché est situé à environ 20 minutes du centre-ville de Doha. Vous y trouverez un peu de tout : légumes, fruits, poissons. Ne vous attendez pas à un marché du genre provençal, Le Wholesale Market est bien plus exotique. Il est fréquenté aussi bien par les particuliers que par les professionnels. Les poissons pourront être nettoyés et découpés grossièrement pour quelques riyals de plus. Vous pourrez également y acheter de la viande, et des plantes.
Entre Salwa road et Haloul Street
al maamoura - doha

DRAGON MART MARKET

Situé non loin de QDC (magasin d'alcool), le Dragon Mart Market est une galerie marchande composée de nombreux magasins à petits prix, proposant une grande variété de produits : des moules en silicone en passant par le gazon synthétique au mètre, des voitures et jeux d'extérieurs pour enfants, des accessoires pour téléphones portables… Vous pourrez, même faire une pause au café entre deux échoppes !
Industrial Aera Road,
Barwa Commercial Avenue
Tél : 5590 3053
Site : www.dragonmartdoha.com

Meubles

De nombreuses boutiques de meubles existent au Qatar. Cependant, si vous voulez acheter des meubles d'occasions, vous pouvez consulter les annonces figurant sur les sites Vivre au Qatar et Qatar Living.

IKEA

C'est le magasin incontournable des nouveaux arrivants au Qatar. Vous ne serez pas dépaysé car vous y trouverez exactement la même sélection qu'en Europe.
Vous pourrez même déposer vos enfants dans l'aire de jeu pour effectuer vos achats. Ikea possède également un espace restauration.

Ouverture : du vendredi au mercredi de 10h à 23h, les jeudis de 10h à minuit, les vendredis matin de 9h à 11h30 et de 12h3 oà minuit, les samedis de 9h à minuit.
Tél : +974 4406 2555
Site : www.ikea.com/qa

HABITAT

Habitat a déménagé depuis peu et se trouve désormais près de la Toyota Tower sur la route de l'aéroport. La surface du magasin est bien plus importante et vous y trouverez tous les produits des collections figurant dans leur catalogue.

Airport Road, next to Crowne Plaza
Tél : +974 4448. 9982
Site : www.habitat.eu

HOME CENTER

Vous trouverez ici tout le nécessaire pour aménager votre intérieur, de la vaisselle aux meubles. Il s'agit plutôt de produits bon marché où à prix réduits.
Les soldes y sont particulièrement intéressantes.

Quatre succursales : City Center Mall, Gulf Mall, Asmakh Mall & Shamal road.
Site : www.homecentrestores.com/en/store

BO CONCEPT

Si vous disposez d'un budget conséquent et que vous appréciez le design, Bo concept vous plaira. Le magasin propose une large gamme de meubles intelligents : une commode qui se transforme en bureau ou une table basse en table à manger, par exemple.
Il est situé juste à côté du magasin Kare, ce qui vous permettra de comparer les produits.
Le magasin est situé au 2e étage du lagoona mall.

Site : www.boconcept.com/ar-qa/stores/find-your-local-store/qatar/boconcept-doha

KARE

Filiale du magasin allemand du même nom, cette boutique haut de gamme vous propose du mobilier, des objets de décoration et pour la cuisine.

ZigZag Tower, Lagoona Mall, 1er étage, West Bay
Tél. : **+ 974 44 770 909**
Site : **www.kare-design.com**
Site : **www.kare-design.com/en/shop28053/home/**

ROCHE BOBOIS

Vous aimez les couleurs et le style Roche Bobois, vous pourrez les retrouver à Doha. La boutique ne propose qu'une sélection de produits mais il vous est néanmoins possible de commander ceux qui ne figurent pas dans le magasin.

Al Rayan, Alqadeem street, Doha
Tél : **+ 974 4021 2040**
Site : **www.roche-bobois.com/#/en-Qa/stores/doha/256**

TROUVER DES MEUBLES D'OCCASION

À Doha, les départs et les arrivées sont fréquents, acheter des meubles d'occasion peut donc s'avérer être une bonne solution, car plus économique. Les départs sont le plus souvent groupés sur les mois de mai et juin.

Voici quelques sites internet et forums où vous pourrez certainement trouver votre bonheur :

Buy it, Sell it, Swap it : forum anglophone sur Facebook.
Merci Doha : forum des francophones sur Facebook.
When, Where & How in Doha : forum anglophone sur Facebook.
Vivre au Qatar : site internet francophone.
Qatar Living : site internet anglophone.

Coiffeurs

AMERICAN GLOW SALON

Le salon est géré par deux américaines. L'équipe vient de France, du Liban, de Norvège… et est très qualifiée.

Tél. : **+974 44 689 945**
Salwa road
Site : **www.glowamericansalon.com/en/**

LES CISEAUX D'OR

Vous tenez à vous exprimer en Français avec votre coiffeur, alors rendez-vous aux Ciseaux d'or qui dispose d'une équipe francophone. Pour en savoir plus, demandez Amel.

Tél. : +974 44 502 523
Tél. : +974 33 991 745
Tél. : +974 33 529 786
Villa 2 - al markhiyaras alfarkhiya

FRANCK PROVOST

Abritée au 2e étage de l'hôtel Four Seasons, cette célèbre marque propose, outre le service de coiffure, une manucure ou une séance de maquillage. Ce salon ne compte que peu de coiffeurs francophones mais leur travail est à la hauteur de l'image du salon : excellent !

Tél. : +974 4494 8844
Site : www.fourseasons.com/doha/spa/salon_services/

THE HAIR STUDIO

Ici vous parlerez la langue de Shakespeare, et vous bénéficierez du savoir-faire d'une équipe anglaise.

Riviera Gardens – Compound Club House – Duhail (non loide la Qatar University)
Tél. : +974 44 795 945

JEAN-LOUIS DAVID

La marque a importé son savoir-faire à Doha. Vous pourrez tout en vous coiffant, demander une manucure. L'établissement est situé dans les locaux de l'hôtel Renaissance.

Hotel Renaissance Level 7
Al Wahda Street, West Bay
Tél :+974 3315 8936 / + 974 4417 5771
Site : www.beautydoha.com/business/jeanlouisdavid

PATRICE SALON

Ce français installé depuis de nombreuses années au Qatar possède quatre salons qui coiffent exclusivement les hommes. Le dernier en date vient d'ouvrir dans le Gate Mall. Vous en trouverez également un au Landmark, au Villagio et au Al Khor Mall.

Villagio Mall : 4450 7199
The Gate Mall : 4407 7107
Landmark Mall : 4486 5970
Al Khor Mall : 4472 6897
Site : www.patricesalonqatar.com

Jardineries

ARAB AGRICULTURAL CENTER

Quand vous aurez besoin de vert, et si vous aimez les plantes, voici un endroit bien sympathique où vous pourrez-vous rendre. Vous trouverez ici des plantes d'intérieur et d'extérieur bien entretenues à des prix inférieurs à ceux pratiqués en ville.

Bien qu'il s'agisse de grossistes, ce centre accueille sans problème des particuliers. Pensez à conserver votre facture, elle vous sera demandée lorsque vous quitterez la jardinerie.

L'endroit est un peu excentré (situé à environ 30 mn du centre de Doha). Il se trouve près de la route Dukhan, non loin du rond-point Shahaniya, quelques minutes avant le Camel Race Track. Comme il est éloigné, il est très difficile à trouver, sauf si vous disposez d'un GPS.

Ouverture au public : **de 9 h à 12h et 14h à 17h tous les jours. Le vendredi la jardinerie est ouverte de 7 h à 9 h.**
Coordonnées GPS 25° 22.014' n 51° 14.718' e

OMANI SOUQ

Ce marché, situé dans un quartier populaire de la ville, est un endroit très agréable où se rendre. Les magasins proposant plantes d'intérieur et d'extérieur sont tous rassemblés sur un même pâté de maison.

Faites le tour et comparez les prix, ils peuvent fortement varier en fonction de la personne avec laquelle vous discutez et de votre capacité à négocier.

L'endroit se trouve tout près du Wholesalemarket.

Salwa road, al maamoura

Animaleries

ANIMAL KINGDOM QATAR

Ce magasin vend une grande variété d'animaux : chats, chiens, oiseaux, tortues, kangourous, souris, poissons d'eau douce et de mer, chameaux, chevaux, chèvres, lapins...

L'établissement propose également des services vétérinaires, toilettages, élevage de chats, vaccinations, traitement, chirurgie et chenil, vente d'accessoires et d'aliments spécialisés.

À proximité de Muntazah Health clinic, Al Muntazah,

Tél : **(+974) 44320042 / 44444808 / 44436006**

Site : **www.animalkingdomqatar.com**

AQUA ART

Spécialiste des terrariums et vivariums, Kevin est un passionné. Il vous guidera dans vos choix en prenant en compte vos envies, votre budget et vos aptitudes. Des arrivages mensuels, des animaux bien traités et un magasin d'une propreté impeccable place ce magasin en tête des animaleries de Doha. Vous devriez y trouver votre bonheur : poissons exotiques, reptiles, batraciens, tortues aquatiques et de terre... une adresse à retenir !

Aqua Art, Al-Ain Complex 4, Salwa Road

Tél. : **+ 974 468 2000**

Site : **http://www.aquaart.com.qa**

SOUQ WAQIF

Le Souq Waqif possède une section où vous pourrez acheter des animaux.

Bon à savoir

VOIR LA RUBRIQUE SANTÉ POUR DES COORDONNÉES DE VÉTÉRINAIRES.

Livres et journaux

FNAC

Ouvert depuis peu la Fnac est actuellement la seule librairie au Qatar proposant un large choix de titres en français. Vous y trouverez des ouvrages, DVD, CD, consoles de jeux... Vous pourrez également vous procurer une très belle collection de livres pour enfants ainsi que des ouvrages en arabe et en anglais. Vous avez dès à présent la possibilité de commander en magasin les ouvrages de votre choix et une carte Fnac Qatar devrait voir le jour d'ici peu.

Lagoona Mall, Doha, Qatar

Tél : **+974 4433 5599**

Bon à savoir

LA FNAC PROPOSE DES ATELIERS CRÉATIFS POUR LES ENFANTS ANIMÉS PAR UNE ARTISTE FRANCOPHONE.

UNIPRESSE

Vous voulez recevoir vos magazines en français, pour cela faites appel au correspondant Unipresse pour la région. Vous pouvez ainsi vous abonner à la presse jeunesse, aux magazines d'actualités ou de déco, par exemple.
Pour voir la liste des titres disponibles, rendez-vous sur le site d'Unipresse :

Site : www.uni-presse.fr

Contact pour la région Arabie Saoudite - Koweit - Qatar - Bahreïn

Véronique Hoblos

Tél : +966 53 283 79 62

Courriel : veroblos@hotmail.com

JARIR BOOKSTORE

Dans cette librairie très réputée, vous trouverez des livres en arabe et en anglais. De même, c'est l'endroit idéal pour les artistes. Ils pourront y trouver pinceaux, papier, tableaux, un grand choix de peintures de bonne qualité et bien d'autres produits. Enfin, Jarir dispose également d'un rayon électronique bien achalandé.

Le magasin est situé sur trois sites :

Site : www.jarirbookstore.com

Magasins de doha : Salwa road, ramada Crossing, doha

Trois magasins différents :

Jaidah Square Showroom

Tél : +974 44516700

Al Rayyan Al Jadeed Road Showroom

Tél : +974 4411-4322

Salwa Road Showroom

Tél : 974 4444-0212

Site : www.jarir.com

VIRGIN MEGASTORE

C'est l'endroit où les résidents viennent chercher leurs billets pour les spectacles. Comme tous les Virgin, vous y trouverez un rayon de produits électroniques, un autre pour les DVD et les livres, un rayon de jouets à la mode mais aussi des idées cadeaux. Virgin vous propose également de réparer vos appareils de marque Apple. Virgin Megastore a quatre magasins :

Villagio mall

Tél : +974 4413 5824

Landmark mall

Tél : +974 4182242

The Pearl – Medina Centrale
Tél : +974 4495 9070
Hamad International Airport Gate A – Shop #50 – Departure/Transit
Tél : +974 4415 0442

WH SMITH

La librairie n'est plus le seul endroit où acheter des livres en français. Certes les rayons sont peu achalandés mais vous pourrez trouver des livres brochés grand format et des livres de poche. Le rayon jeunesse destiné aux jeunes enfants propose des livres en nombre raisonnable.
Ezdan mall

ET SI VOUS LISIEZ DES LIVRES NUMÉRIQUES ?

Vous trouvez que l'offre de livres en français est restreinte ? Alors pensez aux liseuses ou readers qui vous permettent de lire sous format numérique.

Ne confondez pas ces produits avec les tablettes, car ils sont vraiment adaptés à la lecture. Ils utilisent la technologie E-ink qui donne un confort de lecture au moins égal à celui du papier, alors que les tablettes proposent un écran LCD qui fatigue 8 fois plus la vue qu'un livre classique.
Les avantages sont simples : vous pourrez acheter n'importe quel livre disponible sous format numérique assis confortablement sur votre canapé, en quelques clics. En plus, cerise sur le gâteau, ils sont généralement moins chers que la version papier. Pour finir savez-vous que les liseuses peuvent contenir plus d'une centaine, voire des milliers, de titres. Elles sont donc très pratiques lors de vos déplacements.
Où achetez ces produits ? Chez Virgin ou Jarir Bookstore. Vous trouverez même des professionnels pour vous conseiller. Vous pouvez aussi acquérir directement votre liseuse à la Fnac (le Kobo) ou chez Amazon (le Kindle). Attention cependant, avec le Kindle, vous ne pourrez acheter vos livres qu'exclusivement via la boutique en ligne de la marque.
Enfin, notez qu'en achetant une liseuse, vous pourrez accéder au fonds de livres et journaux numériques, baptisé Culturethèque, mis à disposition par l'Institut Français du Qatar pour les abonnés de la médiathèque (Voir, Institut Français du Qatar).

Loisirs Créatifs

Malheureusement le pays possède une offre encore assez limité en termes de fournitures de produits destinés aux loisirs créatifs. On note néanmoins un vrai progrès depuis quelques temps.

AL RAWNAQ

L'enseigne comprend trois magasins, un au Souq Al Deera plus spécialisé dans le nécessaire de couture et les accessoires de mode bon marché. Un autre en face du Al Ahli hospital, derrière le KFC qui vend de la papeterie, des articles de fête, de la vaisselle et un nombre incalculable de produits, dont de la peinture, de la colle, des objets à peindre, de la pâte à modeler, de la vaisselle…
Le dernier se situe à proximité de l'aéroport.

IBN EL QAYYIM

Cette papeterie dispose d'un rayon jouets, de petit électronique, de nombreux kits de loisirs créatifs de marques européennes pour enfants, ainsi que du matériel de qualité pour les peintres.
33 Khalifa St. Ad Dawdah
Tél. : **+ 0974 7446 8361**
Site : **www.ibnqym.com**

JARIR BOOKSTORE

Voir rubrique LIVRES & JOURNAUX

ALWAN STATIONNERY

Située au troisième étage du City Center, cette petite papeterie vend de l'argile, de la pâte polymère, de la peinture et de nombreux petits kits artistiques de qualité à offrir pour un anniversaire ou pour occuper les journées chaudes d'été.
Centre commercial
City Center, 3e étage
A proximité du magasin Hello Kitty
Tél : **+974 4411 5268**

DAISO

Cette enseigne japonaise commercialise toutes sortes de produits à petits prix. Vous y trouverez des boîtes en plastique, de la vaisselle mais aussi un rayon loisirs créatif très bien fourni : de la laine cardée, des fils à broder, du papier pour origami et bien d'autres choses encore.
Hyatt Plaza
(au dessus de HomesR Us)
Tél. : **+974 4**
Gulf Mall, entrée numéro 3,
1er étage.
Al Khor Mall

TRIBE BOOKSTORE, EDUCATION CITY

Au sein du complexe d'Education City et partie intégrante du VCU (Virginia Commonwealth University), ce magasin propose un large choix de supports pour des loisirs créatifs : fils, peintures, feutres et bien plus encore à des prix raisonnables.

Tél : **(+974) 4481 7196**

Site : **www.tribebookstore.com**

ART ELEMENTS

Dans cette toute nouvelle boutique située dans « The Gate Mall », vous trouverez de nombreux matériaux nécessaires aux artistes : de la pâte polymère, de l'argile, du matériel de calligraphie et de peinture... De nombreux ateliers de loisirs créatifs sont organisés tout au long de l'année.

The Gate Mall, 2e étage, à côté d'Eatopia

Tél : **4407 7174**

Site : **www.artelementsqatar.com**

Restaurants

CUISINE LIBANAISE

Assaha Village

Voici un restaurant qui a tout pour plaire ! Un décor authentique, une cuisine fine et traditionnelle doublée d'un service impeccable.

Comptez de 50 à 200 QAR par personne. Si vous préférez rester à la maison, sachez qu'Assaha Village livre également à domicile.
Il est à noter que le restaurant ne dispose pas de licence d'alcool.
Le restaurant est situé près du croisement d'Al Matar Street et de la B Ring road.
Salah Al Deen Street, Doha, Qatar
Tél : +974 4435 5353
Site : **http://assahavillage.com/home/5/Qatar**

Burj Al Hamam

Si vous aimez la cuisine libanaise et vous voulez prendre un bol d'air, rendez-vous au Burj Al Hamam à Pearl.

Lorsque la météo est clémente, vous pourrez déguster mezzés et grillades tout en profitant de la terrasse du restaurant qui donne directement sur la baie turquoise.
Le caviar d'aubergine et les saucisses au sirop de grenade sont à recommander. Les amateurs de chichas y trouveront également leur compte.
Le seul hic c'est que le service est assez lent…
Le restaurant ne sert pas d'alcool. Il faut compter pour un repas complet (mezzés, grillades, desserts et cafés) environ 350 QAR pour deux personnes.
1 la croisette – Porto Arabia – The Pearl
Site : **www.hdc-global.com/english/restaurantsandbars/burjalHamam/Pages/default.aspx**
Tél. : +974 44 95 3876 / poste 1291 - +974 3325 9205

Liza

Suite à son succès rue de La Banque, dans le deuxième arrondissement à Paris, Liza a ouvert ses portes au Pearl.

Ce restaurant libanais vous accueille dans un cadre oriental chaleureux. Que ce soit à midi ou le soir, vous pourrez déguster un délicieux mezzé ainsi que des plats du jour riches en saveurs et en couleurs. Il faut compter environ 250 QAR pour un couple.

Le restaurant propose aussi un service traiteur pour vos soirées ou vos réunions de travail.

4 la Croisette Porto Arabia
The Pearl-Qatar
Tél. : +974 44 95 3 876 / poste 1721

VOTRE CHEF À DOMICILE

Vous organisez un dîner ou un buffet et vous ne vous sentez pas le courage de tout confectionner vous-même, alors pourquoi ne pas faire appel aux services de Jean-Philippe.

Cuisinier depuis plus de 30 ans, il officie au Qatar où il confectionne les plats répondant à vos envies : gratin dauphinois, cuisine méditerranéenne ou thaïlandaise. Tout est possible ! Comptez environ 200 QAR par personne pour un dîner assis, ingrédients compris.

Jean-Philippe Cretin
Tél : +974 3389 1514
Email : chefathome@gmail.com
Voir aussi son interview sur :
Qatar Actu : http://qataractu.com/interview-jean-philippe-cretin-votre-chef-a-domicile-6722.html

CUISINE ITALIENNE

Carluccio's

Un restaurant italien qui convient bien aux sorties entre amis ou en famille.

Dans une ambiance décontractée, il y en a pour tous les goûts : pizzas, pâtes, plats. Le service est efficace et souriant. Cerise sur le gâteau, vous pourrez choisir de déjeuner ou dîner sur la terrasse avec vue sur la mer.

Le restaurant livre également à domicile. L'établissement ne sert pas d'alcool.

Pour un repas pour trois avec boissons, comptez environ 450 QAR.

Carluccio's a été classé par Timeout meilleur restaurant familial.

18, la Croisette – Porto Arabia – The Pearl
Tél. : +974 6690 1771
Site : www.carluccios.com/restaurants/qatar-the-pearl

Dolce Vita

Voir LES RESTAURANTS DU SOUK

IL TEATRO

Ce restaurant italien est situé dans le très chic hôtel Four Seasons, en plein coeur de West Bay, avec aux commandes le chef Aldo.

Les antipasti, comme les plats proposés à la carte sont savoureux et les pâtes sont délicieusement al dente.
Si la température s'y prête, profitez de la très belle terrasse face à la mer, où assis sous la tonnelle vous partagerez un dîner romantique.
Pour un dîner complet pour deux, comptez en moyenne 850 QAR.
Four Seasons - la Corniche
Tél. : +974 44 948 888
Site : www.fourseasons.com/doha/dining/restaurants/il_teatro/

La Veranda Sheraton

Vous avez envie d'emmener votre moitié dîner dans un endroit romantique ou tout simplement partager avec vos amis une délicieuse cuisine italienne dans un cadre féerique, rendez-vous à La Véranda du Sheraton.

Lorsqu'il fait bon, s'assoir dehors vaut vraiment le détour. Vous aurez vue sur la mer ainsi que sur les tours de West bay.
Essayez le délicieux pain soufflé aux champignons. Les pâtes et les viandes sont à conseiller, les pizzas un peu moins.
Un point important à noter, le restaurant propose une bonne carte des vins. Le rapport qualité prix est raisonnable : pour une entrée, un plat et du vin vous débourserez environ 170 QR par personne.
N'oubliez pas de réserver et de préciser que vous voulez vous installer près de la mer.
Sheraton Doha Resort & Convention Hotel-Al Corniche St
Tél : +974 4485 4444
Site : http://www.laverandadoha.com/

Lo Spaghetto

Ce petit restaurant italien, qui ne paie pas de mine à l'extérieur, est un endroit incontournable à Doha.

En cuisine, le chef et ses commis sont tous italiens, d'où la qualité de la nourriture. On se croirait, l'espace d'un instant, dans une trattoria italienne en plein cœur de Milan. Leurs pizzas sont à tomber ! Il faut penser à réserver avant d'y aller parce qu'il est toujours plein. Si vous souhaitez terminer votre repas avec un délice sucré, le tiramisu

et la pana cotta sont à recommander.
Le rapport qualité prix est raisonnable. Seul inconvénient, vous ne pourrez pas commander votre Chianti préféré, car le restaurant ne sert pas d'alcool.
Al Sadd, Behind Royal Plaza Mall
Tél. : **+ 974 44341601**

CUISINE FRANÇAISE

Le Relais de l'entrecôte

Réplique exacte du restaurant éponyme situé à Saint-Germain des Prés à Paris, Le Relais de l'entrecôte propose à l'instar de son aîné, un menu unique : salade, frites et un onglet agrémenté d'une délicieuse sauce.

En revanche, vous pourrez choisir votre dessert, et n'aurez que l'embarras du choix : tarte aux pommes, profiteroles, gâteau au chocolat. Pour celles qui font attention à leur ligne, le café gourmand est une excellente option.
Pour un repas pour deux avec boissons, comptez environ 250 QAR.
À noter, le restaurant dispose d'une terrasse et ne sert pas d'alcool.
The Pearl – Parcel 1 – Unit 41 doha
Tél. : **+974 40 028 122**

IDAM

Ce restaurant d'Alain Ducasse est le temple du luxe, de la gastronomie et du raffinement.

On y cultive ici les arts de la table à la française. Vous dégusterez une cuisine méditerranéenne dans laquelle le chef aura puisé le meilleur du Moyen-Orient et de l'Occident.
Pensez à déguster, le chameau qui a longuement mijoté façon Rossini, servi avec du foie gras et des truffes.
Et si le restaurant ne sert pas d'alcool, vous pourrez vous consoler de mocktails inventifs.
Un prix de grande table mais finalement à tarif raisonnable eu égard au lieu et aux mets exceptionnels servis dans ce restaurant. Comptez environ 250 QAR pour le déjeuner avec les boissons et 810 QAR pour le dîner.
Musée d'art Islamique
Tél. : **+974 44 224 488**
Site : **www.alain-ducasse.com/en/restaurant/idam**

La Varenne

Ce restaurant situé au 28e étage de la tour Tornado sert une cuisine française. Vous côtoierez le midi, une clientèle d'affaires.

La Varenne propose un menu pour le déjeuner à partir de 85 QAR.
Le restaurant ne sert pas d'alcool.
Tour Tornado – 28e étage – West bay
Tél. : **+974 44 990 680**
Site : **www.lavarenne.qa**

CUISINE ASIATIQUE

BAAN THAI

Pour les amoureux de cuisine thaïlandaise, ce restaurant est considéré par certains comme le meilleur de Doha dans cette catégorie.

Bien que très bon marché, dans un cadre modeste certes, les plats servis y sont excellents. Comptez environ 130 QAR pour 2 personnes.
Près du magasin Royal Toys,
Furousiya Street, Muaither
Tél : **4029 8126**

Hakkasan

Ce restaurant chinois, situé dans l'hôtel St Regis, propose des mets très raffinés.

Les Dim Sum (petits mets propres à la cuisine cantonaise) sont tout particulièrement à recommander. Vous pourrez aussi vous laisser tenter par le menu. Pour 130 QAR, vous vous régalerez d'une entrée, d'un plat et d'un dessert.

Notons également, la décoration soignée. Le patio intérieur orné de plantes vertes est un endroit idéal pour se restaurer en famille ou entre amis.
Site : **http://hakkasan.com/**
Hôtel St regis – doha
Tél. : **+974 44 460 170**

HWANG

Ce restaurant vous propose une expérience culinaire très éclectique dans un cadre raffiné.

Au menu, vous dégusterez le meilleur de la cuisine thaïlandaise, coréenne, japonaise, indonésienne et malaysienne. Les bentos seront de mise pour vos déjeuners rapides. Comptez environ 350 QAR pour 2 personnes.
Intercontinental Doha The City,
West Bay.
Tél : **+974 4015 8888**

Nobu

Ce prestigieux établissement a ouvert ses portes à Doha en avril dernier. Situé sur la marina du Four Seasons, Nobu bénéficie d'un cadre exceptionnel et d'une très bonne qualité de service.

Conçu sur trois étages, le restaurant sert des mets voguant entre plats traditionnels japonais et cuisine fusion. La note est un peu salée (environ 1 000 QAR pour deux personnes). À réserver donc pour les grandes occasions !

Four Seasons Hotel,
The Corniche, Dafna
Tél : 4494 8888
Site : http://www.noburestaurants.com/doha

Noodle House

Au menu : cuisine ouverte, musique d'ambiance et cuisine sud-asiatique ! Voici ce que nous propose cette chaîne de restaurants, récemment ouverte à Doha.

La note est à petit prix : environ 160 QAR pour 2 personnes.
Trois établissements :
City Center
Tél : 4411 5063 / 4411 5064
The Pearl
Tél : 4002 7512
Landmark
Tél : 4417 5682
Site : www.thenoodlehouse.com

PF Chang

Désormais ouvert au Villagio depuis le mois d'avril, PF Chang vous propose le meilleur de la cuisine asiatique.

L'enseigne est numéro un de cette gamme aux États-Unis. La note s'élèvera pour deux personnes à environ 200 QAR.
Centre commercial du Villagio
Tél : 4452 8541

Tse Yang

Tout est bon chez Tse Yang si vous appréciez la cuisine chinoise : des chaussons cuits vapeur à la salade de bœuf épicée.

Le service est aimable et souriant. Le lieu, très luxueux, est plus adapté aux dîners. Comptez environ 500 QR pour deux personnes.
6, La croisette, Porto Arabia,
The Pearl.
Tél : 4495 3876

AUTRES CUISINES

Three Sixty

Situé au 47e étage de The Torch, le restaurant offre aux gourmands une vue panoramique d'autant plus formidable que l'étage tourne sur lui-même et qu'il vous est possible d'admirer toutes les facettes de Doha, au sein de ce restaurant 360°.

Les budgets plus serrés pourront aller boire un verre au Torch tea garden, situé certes au 21e étage mais qui jouit néanmoins d'une vue agréable.
Al Waab Street, Doha
Tél : 4446 5600 – 4446 5800
Site : http://www.thetorchdoha.com/

IPANEMA Churascaria, Marriot Marquis

Ce restaurant brésilien sierra bien aux amoureux de bonnes viandes.

Si vous ne connaissez pas le principe, il s'agit d'un buffet agrémenté de nombreuses viandes grillées servies sous la forme de brochettes à votre table. Pour les amateurs de viandes, un must ! Comptez 600 QAR pour 2 personnes.

Marriott Marquis,
Omar Al Mukhtar Street, Dafna, Doha
Tél : **+974 4419 6100**
Site : **http://www.marriottmarquisdohadining.com**

LES RESTAURANTS DU SOUQ WAQIF

Nous vous proposons ici une sélection de restaurants situés au Souq Waqif et très appréciés des résidents de Doha.

Dolce Vita

Le Restaurant sert une cuisine italienne. L'établissement est renommé pour ses savoureux raviolis et ses délicieuses pâtes. Le nombre de tables est limité mais le restaurant dispose d'une très jolie terrasse au calme dont vous pourrez profiter les mois d'hiver.
Comptez environ 200 QAR pour 2 personnes.
Derrière l'Art Center.
Tél : + 974 4436 7991

Damasca One

Ce restaurant syrien dispose de deux espaces : une grande terrasse á l'étage et une salle climatisée au rez-de-chaussée. Une cuisine typique du Moyen-Orient vous ravira les papilles ! Des shows avec danseurs vous sont proposés le jeudi soir en salle : Un incontournable !
Comptez environ 200 QAR pour 2 personnes.
L'établissement est accessible par l'entrée principale du Souq sur la gauche après les cafés.
Tél : +974 3333 3954 / +974 4475 9089
Site : **www.damascarestaurant.com**

L'ARGAN

Amateurs de couscous & de tajine vous ne serez pas déçus par cet établissement. Un très beau décor, une cuisine raffinée et pleine de saveurs composent le charme de cet établissement. L'essayer c'est l'adopter !
L'Argan est situé dans la rue des hôtels du Souq, Al Jasra boutique hôtel.
Comptez environ 300 Qr pour 2 personnes.

Al Jasra Boutique Hotel, Souq Waqif
Tél : 4433 6666
Site : www.swbh.com

Bosphorus
Situé juste après l'Art center, ce petit restaurant turc est très agréable, surtout en terrasse. Sa cuisine y est excellente, le menu est varié et les chichas y sont très bien préparées également, comptez 170 QAR pour 2 personnes.
Près de l'Art Center, Souq Waqif
Tél : 3326 6129 / 3326 6194

Kiosque du Souq Waqif
Bien plus modeste que les restaurants précédents, ce petit kiosque situé à l'entrée du Souk aux animaux vous invite à déguster de très bonnes brochettes à 3 QAR, de l'houmous accompagnés de salade que vous pourrez savourer installés sur des bancs qataris traditionnels. À deux pas de ce kiosque, vous trouverez un stand où vous pourrez commander du pain fraîchement sorti du four pour 1 QAR ou des pains « façon pizza » fourrés aux épinards ou au thym. Un délice !
Selon votre appétit comptez 10 à 15 QAR par personne.

Les Bars à chicha

Le mot chicha ne vous dit peut-être rien, pas de panique, car vous connaissez sans doute le vocable narguilé : une grande pipe à eau utilisée principalement dans le monde arabe pour fumer du tabac. Vous trouverez ci-après quelques adresses pour vous livrer à ce plaisir très oriental.

LE GOURMET

Situé sur la rue principale du Souq Waqif face à l'Art Center, ce restaurant libanais propose de très bonnes chichas avec vue sur le Souk tout en profitant de l'air frais du soir.
***Ouverture :* tous les jours de 8h à 1h du matin.**
Face à l'Art Center, Souq Waqif
Tél : 4436 1789
Site : www.legourmetrestaurant.com

LE CORNER CAFÉ

Situé dans le souk, ce petit café au nombre de places limitées vous invite à fumer votre chicha paisiblement un café à la main accompagné de quelques douceurs.

Ouverture : du samedi au jeudi, de 8h à minuit.
Les vendredis : de 16h à 1h.
À côté du bureau de change de l'entrée du Souq Waqif
Tél : 4432 4341

BURJ HAMAM

Voirlasection« CUISINELIBANAISE ».

Concerts

QATAR PHILHARMONIC ORCHESTRA

L'orchestre du Qatar joue le répertoire de musique classique, mais aussi des œuvres appartenant au répertoire de la musique arabe.
Katara
Site : www.qatarphilharmonicorchestra.org

JAZZ AT LINCOLN CENTER

Le club est situé dans l'hôtel St Regis à West Bay lagoon. Géré par le trompettiste Dominick Farinacci, le petit frère du club de New York s'est assuré la contribution d'artistes de qualité.
La formule a quelque peu changé il y a quelques mois. Désormais, vous devez dîner pour voir le spectacle. Le menu est à 290 QAR par personne. Vous pouvez aussi choisir un plat à la carte. Pour un verre de vin, comptez en moyenne de 75 à 95 QAR. Le club sert une cuisine Cajun, s'inspirant des plats de la Nouvelle Orléans, comme le Gombo ou le Jambalaya, par exemple.
Le show débute à 19h30 et s'achève à 22h. En deuxième partie de soirée, à compter de 22h15, de jeunes gens, généralement chanteurs de variétés, assurent le spectacle.
St regis Hôtel
Tél. : +974 44 460 226
Email : diningreservations@stregis.com
Site : www.jalcdoha.com

JAZZ ORYX ROTANA

Le club propose une programmation éclectique : en première partie de soirée un DJ est chargé de l'animation, puis en seconde partie, un groupe prend le relais. La musique vogue entre jazz, soul et disco.
Al nahda School Street, airport road, doha
Tél. : +974 44 023 333

Boîtes de nuit

CLUB 7

Situé au 7e étage de l'hôtel La Cigale, le club diffuse les derniers tubes à la mode, avec aux manettes le DJ Roger Choueiry.

Ouverture : les jeudis et vendredis uniquement.

La cigale

60 Suhaim bin Hamad Street

Tél. : +974 44 288 665

CRYSTAL

Vous êtes ici en plein cœur de la night life de Doha, dans un club très sélect. W Hotel oblige !

Ouverture : de 22h à 2h du matin.

W Hotel

262 Diplomatic Street

West Bay

Tél. : 4453 5135

BEACH PARTY

Les hôtels qui ont la chance d'être bordés par une plage organisent très souvent des beach party. Il en est ainsi du St Regis, de l'Intercontinental Beach ou du Four Seasons, par exemple.

Arts Plastiques

ANIMA GALLERY

Des cours d'arts plastiques sont dispensés aux enfants dans la célèbre galerie d'art située à The Pearl. Chaque samedi, une nouvelle thématique : collage, construction de robot...
Les enfants de 3 à 5 ans auront cours de 15h à 16h15, tandis que les cours des 6 à 14 ans ont lieu de 16h30 à 17h45.
Comptez 600 QAR pour les 5 séances.
Tél. : +974 40 027 437
Courriel : art@animagallerylounge.com

ARTS & CRAFTS DOHA

Situé derrière le centre commercial Landmark, la boutique vous propose des cours de peinture sur céramique, peinture à l'huile, dessin, peinture sur soie, découpage, peinture acrylique et poterie. Quatre studios en tout, entièrement équipés pour satisfaire vos envies de loisirs créatifs.
Centre Commercial Landmark
Tél : +974 44865201
Courriel : arts-crafts@live.com
Site : www.artsandcrafts-doha.com

Bon à savoir

ARTS & CRAFTS DOHA PROPOSE ÉGALEMENT DES ANIMATIONS POUR LES FÊTES D'ANNIVERSAIRE DE VOS ENFANTS.

CAFÉ CÉRAMIQUE

Au second étage de The Mall à Al Hilal, ce café vous propose de nombreux ateliers tout au long de l'année dont la peinture sur soie, peinture sur céramique, peinture à l'huile, peinture sur verre et bien plus encore...
Ouverture : du samedi au jeudi de 10h à 23h, les vendredis de 1h à 23h.
The Mall, Al Hilal, 2e étage
Tél. : + 974 3358-6129
Site : www.cafe-ceramique.com

DÉCOPATCH

Jo et Maud organisent des ateliers créatifs pour petits et grands autour du Décopatch. Le principe : À l'aide de papiers spéciaux Décopatch, de colle et d'un pinceau vous serez en mesure de décorer presque tout ce que vous souhaitez ! Maud et Marine se feront un plaisir d'animer chez vous vos anniversaires, des soirées filles…
Voir page Facebook :
Décopatch Qatar.
Jo : +974 3038 7866 ***(anglophone)***

VCU

La Virginia Commonwealth University propose des activités extrascolaires dans les domaines artistiques, principalement pour adultes : photographie, design, peinture… Néanmoins, durant les vacances scolaires, l'établissement organise souvent des stages pour les enfants.
Site : **www.qatar.vcu.edu/community-classes**

MUSÉE D'ART ISLAMIQUE

De nombreuses activités artistiques sont organisées, pour les enfants comme pour les adultes, à des prix défiant toute concurrence. Les activités sont donc très souvent complètes. Pensez à regarder régulièrement sur la page des activités afin de vous inscrire au plus vite.
Site : **www.mia.org.qa/en/whats-on-workshops**

Scoutisme

1ST DOHA SCOUT GROUP

Ce groupe est membre de l'association des scouts britanniques. Il accueille des enfants de 6 à 18 ans répartis en fonction de leur classe d'âge : Beavers (6-8 ans), Cubs (8-10,5 ans), Scouts (10,5-14 ans) et explorer (14-18 ans).
Cette association connaît un tel succès que les organisateurs sont à la recherche de volontaires pour aider à l'animer.
L'association est active à Doha et à Al-Khor.
Tél. : +974 55 762 013
Email : **GSl@1st-doha-scout-group.org**
Site : **www.1st-doha-scout-group.org/index.htm**

BOYS SCOUTS OF AMERICA

Les Boys scouts of America accueillent uniquement les

garçons âgés de 7 à 10 ans. Le BSA accueille les enfants de 14 nationalités.
Email : pack3947@yahoo.com

USA GIRLS SCOUTS

Ce club, comme les autres, promeut le développement personnel et des valeurs comme le leadership, la conscience sociale, la conviction du potentiel de l'enfant et l'estime de soi.
L'USA Girls scouts accueille les filles jusqu'à 16 ans.
Email : qatarusagso@gmail.com

Musique

FAMILY JAZZ AFTERNOON

Une fois par mois, les familles soucieuses de familiariser leurs enfants à la musique, et plus particulièrement aux rythmes propres au jazz, se rendent au Jazz at Lincoln Center.

Cet après-midi familial est conçu pour créer une interaction avec les enfants et permettre l'éveil musical.
St Regis
Tél : +974.4446.0105
Courriel : diningreservations@stregis.com

Bon à savoir

L'ATELIER DU FAMILY JAZZ AFTERNOON EST GRATUIT.

GERMAN MUSIC ACADEMY

L'offre de cours de musique se diversifie à Doha. Pour satisfaire les besoins en éducation musicale de la population, la German International School propose depuis peu des cours de musique.
Le département propose des cours privés dispensés par des musiciens professionnels, avec un large éventail d'instruments : violon, violoncelle, batterie, trompette, trombone…
Il faudra compter 150 QR pour 30 minutes de leçon et 225 QAR les 45 minutes.
Courriel : **germanmusicprojectdoha@uni.de ou katrin_meingast@yahoo.com**

QATAR MUSIC ACADEMY

La Qatar Music Academy, située à Katara, est l'équivalent des conservatoires français. Les élèves choisissent entre la musique arabe ou occidentale. Les professeurs qui enseignent dans cet établissement sont très renommés et jouent souvent pour des orchestres ou au sein du Qatar Philarmonic Orchestra. L'enseignement est très académique et permet aux enfants d'acquérir une solide formation musicale.

Tél : +974 44 548 191
Email : **qma.info@qf.org.qa**
Site : **www.qatarmusicacademy.com.qa**

IAD

Cet institut dispense de nombreux cours (arts, fitness) et en particulier des leçons de danse et de musique.

Tél : +974 44 320 974
d-ring road, al-Hilal Street, al-Tadamon Signal

INTERNATIONAL CENTER OF MUSIC

Ce centre propose des cours de danse et de musique. Les professeurs sont en majorité originaires des pays de l'est.

Tél : +974 44 671 354
Email : **info@icmqatar.com**
Site : **www.icmqatar.com/index.htm**

STEINWAY PIANO GALLERY

Le gérant de la boutique des célèbres pianos Steinway organise presque chaque mois des sessions comprenant quatre leçons pour adultes débutants. La méthode permet à l'issue de ces cours de jouer des deux mains, lire les notes et d'exécuter de petits morceaux.
Il faut compter 2 000 QAR les 4 leçons pour une personne, si vous êtes accompagné d'un ami la session vous reviendra moitié prix, soit 1 000 QAR.
1 La Croisette – Porto Arabia The Pearl
Tél : 6600 5894

YAMAHA

La boutique située à l'étage supérieur du Lagoona Mall vend des instruments de musique et propose aussi des leçons de musique.

Tél : +974 44 335 598

Activités sportives

ACTIVITÉS NAUTIQUES

Si vous aimez les sports d'eau, alors, vous adorerez Doha. Vous n'aurez que l'embarras du choix : catamaran, voile, plongée...

Doha Sailing Club

Vous pourrez pratiquer, au Doha Sailing Club, la voile, le char à voile et l'aviron. C'est aussi un endroit où vous pourrez vous détendre en famille.

Vous y trouverez une cafétéria, un terrain de jeu pour les enfants et une bibliothèque.Les prix sont très abordables :

- 500 QAR par mois + caution de 100 QAR ;
- 2 000 QAR par an + caution de 625 ;
- 2 500 QAR pour l'ensemble de la famille + 950 QAR.

Tél. : +974 44 439 840
Front de mer Katara
Courriel : Dohasailingclub@gmail.com

Regatta Sailing Academy

Le club propose des cours de voile sous la forme d'un parcours divisé en quatre étapes pour les enfants et trois niveaux pour les adultes ; Chaque étape franchie doit permettre d'acquérir de nouvelles compétences.

Le stage collectif coûte 1 250 QAR. Pour les enfants, le stage sur huit semaines coûte 900 QAR. Le club propose également un stage durant les vacances (Eïd, Pâques, Noël et durant le mois de juillet) à raison de trois heures par jour, pendant cinq jours, pour 950 QAR.
La Regattta Sailing Academy organise des activités de yachting.
Al Isteqlal road,
West bay lagoon, doha
Site : www.regattasailingacademy.com

Bon à savoir

VOUS CHERCHEZ UNE IDÉE POUR UN ANNIVERSAIRE ? LA REGATTTA SAILING ACADEMY PROPOSE UNE ANIMATION DE DEUX HEURES.

En première partie, les enfants apprendront la théorie de la navigation, en seconde, ils se livreront à des jeux aquatiques.

DANSE

Al Gheed's Ballet Center

Ce centre situé au 1er étage du Lagoona Mall dispense de nombreuses activités sportives : danse classique, danse de salon, aerobic, zumba, hip hop, karate, pilates et Belly Dance.

Tél. : +974 44 13 13 89
Courriel : info@algheed-qatar.com

Laura Knight Academy of Dance

L'établissement propose des cours de danse classique et de modern-jazz.

Radisson Blu Hotel
Tél : +974 3346 9121
Voir page Facebook :
Laura Knight Academy of Dance

Enana Ballet Academy

Avec plus de 20 ans d'expérience cette école vous propose des cours de danse moderne, classique, jazz...

Haloul St, près du Wholesale Market - Doha
Tél : + 974 4444 1399 / + 974 6677 7399
Site : www.enanagroup.qa

Isabelle Guillien

Cette jeune femme française établie à Doha, donne des cours de danse classique par l'intermédiaire du SFQ à Al Jazzi compound.

Pour vous inscrire contacter SFQ Academy.
Tél. : +974 4486 6293/+974 3317 9266
Site : www.sfqsportsacademy.com

ÉQUITATION

Les cavaliers ont sans doute rêvé de chevaucher un jour un pur-sang arabe dont la réputation est légendaire. Alors, laissez-vous tenter par des cours d'équitation. Mais attention, il n'y a que peu de places disponibles !

Riding Academy- Al Shaqab

L'académie a pour mission de promouvoir l'équitation, discipline qui fait partie du patrimoine du Qatar.

Des cours sont disponibles ici pour tous les niveaux, du débutant au cavalier confirmé.
Tél. : +974 44 546 233
Courriel : ridingacademyinfo@qf.org. qa
Site : www.alshaqab.com

Al Samariya Equestrian Centre

Le centre équestre est situé à côté du musée de Sheikh Faisal Bin Qassim Al-Thani sur la route de Dukhan à Al Shahaniyah.

Al Samriyah propose des cours collectifs ou particuliers, organise des promenades, des compétitions et des activités durant les vacances. Il est à noter que le club propose aussi un programme d'animation pour les anniversaires.

Tél. : +974 55 257 203

Courriel : **meg_jos@hotmail.com**

Site : **www.facebook.com/alSamariyahequestrianCenter**

ESCRIME

Doha Fencing Academy

La Doha Fencing Academy est tenue par une équipe française.

Le club dispense des cours d'escrime aux adultes et aux enfants. Les leçons ont lieux sur les sites du Lycée Voltaire de West Bay et à Al Waab.

Tél. : +974 77 512 469

Courriel : **dohafencingacademy@qatar-fencing.com**

Site : **www.Qatar-Fencing.com**

FOOTBALL

Doha soccer league

Le club accueille des enfants à partir de 4 ans. Le coût s'élève à 400 QAR.

Site : **www.dohasoccer.com**

Doha Oryx Football Club

Le lycée Bonaparte compte un club de football réservé aux élèves du Lycée Bonaparte : l'Oryx Football Club.

Portés par des entraîneurs passionnés, ce club regroupe une soixantaine d'enfants des classes de CP à la quatrième.

Lycée Bonaparte

Al Intisar street, West Bay

Courriel : **oryxfc@lycee-bonaparte.fr**

GOLF

Doha Golf Club

C'est l'endroit idéal lorsque l'on souhaite faire du sport et être dans un environnement vert.

Vous pourrez également prendre des cours. Le prix des prestations varie selon que vous êtes membre ou non membre.

Ouverture : **de 6h30 à 23h.**

Tél. : +974 44 960 777

Courriel : **info@dohagolfclub.com**

Site : **www.dohagolfclub.com**

GYMNASTIQUE

The Gymastic Academy

Situé dans l'enceinte de l'école D.E.S.S (Doha English Speaking School), ce club accueille les enfants dès l'âge de 4 ans.

Les entraîneurs sont qualifiés et tous anglophones, ils travaillent en étroite collaboration avec la fédération britannique de gymnastique. Les cours sont dispensés d'une à trois fois par semaine en fonction du niveau et de la motivation.

Al Wabra st, Fereej Kulaib, Doha.

Site : **www.gymacademydoha.com**

Qatar Gymnastics Federation

La Qatar Gymnastics Federation propose des cours de gymnastique ouverts aux expatriés, pour les filles et garçons à partir de 4 ans.

Les cours sont dispensés dans un gymnase à Al Messila (proximité Al Rayyan Road et Doha Expy) qui dispose de tous les agrès utilisés en gymnastique.
Quelques entraîneurs sont francophones, sinon les cours sont dispensés en anglais.
Il faut compter 80 QR le cours d'1h-1h30.
La fédération propose également un autre cours de gymnastique-éveil corporel pour les 4-8 ans au gymnase du lycée Voltaire de West Bay. Le gymnase ne dispose pas de beaucoup d'agrès, donc il s'agit plutôt d'un travail au sol, principalement pour les jeunes enfants et les débutants.
Il faut compter 500 QAR le trimestre pour un entraînement d'1 heure par semaine. 1 000 QAR par trimestre pour 2 entraînements d'1 heure par semaine.
Contact cours de gymnastique
Samira
Tél : 55 13 31 52
Courriel : samira@qatargym.com
Site : www.qatargym.com
Contact cours d'éveil corporel
Samia (francophone)
Tél : 33 17 80 78

KARATÉ

Qatar Karate Academy

Ici vous pourrez pratiquer non seulement du Karaté, mais aussi beaucoup d'autres arts martiaux : Judo, Aïkido, Kung Fu...

Al mirqab al jadeed (al nasser street)
al seyoul street – building 23
Tél. : +974 4442 1142 / +974 4442 1145
Mobile : +974 3351 3056 / +974 5549 0937
Courriel : karate_academy@yahoo.com
Site : www.facebook.com/pages/Qatar-Karate-academy

MULTISPORT

Aspire academy

Si vous avez la chance d'habiter près de l'Aspire Zone, c'est l'endroit idéal pour pratiquer du sport sérieusement.

Néanmoins, il est à noter que l'entrée est très sélective, car ici on forme les champions de demain.
Tél. : +974 44 136 570
Courriel : info@aspire.qa
Site : www.aspire.qa/Pages/aspireHome.aspx

Evolution sports

Dans ce centre, vos enfants pourront pratiquer de nombreux sports et, en particulier, le football, la natation, le basket ball.

Deux sites sont disponibles : Al Waab, West Bay. Il faut compter 1 500 QAR pour un trimestre pour la pratique du football.
Tél. : +974 66 224 800
Site : www.evosportsqatar.com

The Bay Club

L'Intercontinental propose de nombreuses activités : Pilates, yoga, body pump, Zumba…

Pour un cours, vous paierez 50 QAR pour toutes les activités si vous n'êtes pas membre du club, à l'exception du yoga (65 QAR).
Tél. : +974 44 844 852
Intercontinental beach
West bay lagoon

Fitness center

Le Ritz offre de nombreuses activités : yoga, zumba, circuit training…

Le cours coûte en moyenne 50 QAR.
Tél. : +974 44 848 000
The ritz Carlton - West bay lagoon

NATATION

Australian International Swimming School

Ce vaste complexe aquatique est doté de deux piscines olympiques de 50 mètres, une piscine d'apprentissage de 25 mètres et deux piscines de plongée.

Hamad Aquatic Center, Aspire zone.
Tél : +974 4494 3260
Site : www.aiswimschools.com

Doha Dolphins Swimming Club

Le club est basé sur trois sites : Garvey's European Club, Al Areen Gardens et Al Jazi Gardens.

Il faut compter environ 65 QAR pour une leçon et 500 QAR pour 10 leçons.
Tél. : +974 66 170 911
Site : www.qmotion.com.qa

H20

Ce club propose des cours « plaisir » pour les enfants de 6 mois à 18 ans, des cours de natation pour les plus de 8 ans et un club dédié à la compétition avec des cours intensifs pour améliorer sa technique et ses performances.

Le club participe aux différentes compétitions du Qatar et se déplace à l'étranger pour des stages et des compétitions.
Le club utilise les locaux
de l'American School of Doha
qui se situe entre Salwa Road
et Al Waab en direction d'Aspire.
Site : www.h2oswimclub.com

PADDLE

Qatar stand up paddling (QSUP)

Voici une spécificité nationale, le paddle. Une sorte de planche sur laquelle on se tient debout ou parfois assis et on rame. C'est moins confortable que le kayak mais sans doute plus sportif.

Le club dispense des cours aux enfants de 3 à 14 ans et aux adultes.
Tél. : +974 66 02 830
Site : www.qsup.me

RUGBY

Blue Falcons rugby

Le club situé dans les locaux du lycée Bonaparte accueille des enfants jusqu'à l'âge de 18 ans.

Pour les moins de 16 ans, les cours ont lieu le jeudi à 18h. Les 16 à 18 ans s'entraînent le dimanche à 19h. Vous y découvrirez une ambiance stimulante et familiale grâce à des entraîneurs motivés et des mamans organisatrices efficaces. Le club dispose également d'une équipe adulte fréquemment à la recherche de nouvelles recrues. Des tournois réguliers, des animations pour les familles et un club qui progresse rapidement font du Blue Falcons Rugby un acteur significatif de la vie sociale à Doha.
Tél. : +974 7062 7209
Courriel : qatarfrenchrugby@gmail.com
Site : www.bluefalconsrugby.com

Doha Rugby Football Center

Les 6 à 60 ans, hommes ou femmes sont les bienvenus dans ce club.

Courriel : secretary@doharfc.com
Site : www.doharfc.com

TAEKWENDO

Korean Taekwondo Centre

Ce club, premier centre installé à Doha, compte plus de 400 adhérents tous passionnés !

L'établissement, situé près de la Salwa road, dispense de nombreux cours pour tous les âges et tous les niveaux.
Al Muthanna Complex,
Salwa Road, face au Jarir Bookstore
Tél : 4465 9066

Sarang Plus Korea Culture Center

Un petit centre culturel fort agréable, situé à deux pas de l'Institut Français, en plein cœur de West Bay Lagoon. Toute la famille est impliquée et se fera un plaisir de vous être agréable.

Les cours de Taekwondo ont lieu trois fois par semaine :

dimanche, mardi et jeudi. Les leçons ont lieu de 14h30 à 15h30 ou de 17h à 18h.
Outre des cours de Taekwon-do dispensé par un maître, vous pourrez apprendre le coréen ou à cuisiner les plats typiques du pays.

West bay lagoon
(près de l'International school
of Choueifat et l'ambassade de bahreïn)
Tél. : +974 33 859 974
Page Facebook : Sarang Plus at Qatar_Korea Culture

TENNIS

Elite tennis Academy

Le club dispense des cours de tennis aux enfants comme aux adultes, du niveau débutant ou avancé.

Les leçons sont privées ou en groupe et peuvent être prises en journée ou en soirée.
Tél. : +974 5566 4747

Qatar Tennis Federation

La fédération a ouvert son école de tennis qui accueille les enfants de 5 à 15 ans. Au-delà de cet âge, les jeunes peuvent intégrer des groupes privés.

Vous pouvez obtenir le formulaire d'inscription au school office du Khalifa International Tennis & Squash Complex.
Tél. : +974 44 409 666
Site : www.qatartennis.org

YOGA ET PILATES

Vous trouverez des cours de Yoga et de Pilates dans les principaux hôtels internationaux, comme l'Intercontinental Beach à West Bay Lagoon.

Yamayogastudio

Ce club dispense des cours de yoga et de pilates aux adultes. De même des cours de danse classique sont ouverts aux enfants de 3 à 13 ans.

Les leçons ont lieu sur deux sites : Asas studio (dans le quartier des ambassades) et Garvey studio.
Tél. : +974 66 175 802
Courriel : yamayogastudios@gmail.com
Site : www.yamayogastudios.com

ZUMBA

De nombreux cours de zumba sont proposés à travers la ville.

Vous en trouverez dans les principaux hôtels internationaux (Intercontinental, Sheraton, The Ritz-Carlton, Hilton, Four Seasons…), également dans les salles de sport de certains compounds et dans les salles de sport installées dans les centres

commerciaux (City Center, Lagoona Mall…)
Des sites tels que **www.zumba.com** et **www.fintnessinqatar.com** répertorient plus d'une centaine de cours de zumba et fitness au Qatar.
Nous pouvons entre autres vous conseiller les cours de :
L'Intercontinental the Beach (près de Katara) : il s'agit d'un cours mixte, ce qui est rare à Doha, dispensé par un professeur masculin, le lundi à 19h et le mercredi à 19h15. La musique y est très forte, afin de galvaniser les foules ! La zumba pratiquée est plus « sportive » que « chorégraphique » ;
La Beverly Hills Tower à West Bay : le cours a lieu le jeudi matin de 10h à 11h et est dispensé par une professeure pleine d'énergie. Le public y est 100% féminin et les chorégraphies y sont plus travaillées.

Activité religieuse

NOTRE DAME DU ROSAIRE

Cette église célèbre le culte catholique La messe est célébrée tous les samedis à 11h par le père Elie El-Hachem. Les enfants de 7 à 18 ans peuvent suivre des cours de catéchisme à 9h15, certains samedis. 15 séances sont en moyenne programmées durant l'année. Les enfants peuvent également, s'ils le souhaitent, se présenter aux sacrements.

Courriel : **paroissedoha@gmail.com / catechismedoha@hotmail.fr**
Site : **www.rosarychurchqatar.com**

ABDUL WAHHAB MOSQUE

Il y a de nombreuses mosquées à Doha. La grande mosquée a été achevée en 2011. Elle se déploie sur un site de 19 550 m², compte 99 dômes et un minaret de 66 mètres.
Al mohandiseen Street,
doha, Qatar

Activités scientifiques

MADE SCIENCE

Le centre propose un programme approprié pour les enfants âgés de 3 à 12 ans dans de nombreux domaines : électronique, robotique, astronomie, physique, chimie.

L'enseignement est résolument pratique et basé sur les expériences scientifiques qui rendent l'apprentissage très amusant.
Made Science organise des ateliers après l'école, durant les vacances et pour les anniversaires dans de nombreux lieux à Doha.
109 Al Maadeed St. Al Maamoura
(près de Salwa Road sur la D-ring)
Tél : **+974 3315 0007 – +974 4442 1212**
+974 4488 1570
Email : **madscienceqatar@yahoo.com**
Site : **http://qatar.madscience.org/**

SCIENCE MADE FUN

Comme son nom l'indique, vos enfants apprendront les sciences de manière ludique : de la chimie à la biologie, en passant par la géologie.
Le centre organise des ateliers après l'école et durant les vacances à différents endroits dans Doha. Science made fun anime aussi le brunch du Ritz pour les enfants, le vendredi.
The Gate – Dafna Area – Tower 2
Office 733
Tél. : **+974 4486 6293**
Courriel : **info@sciencemadefun-qatar.net**
Site : **http://sciencemadefun-qatar.net/**

SMARTIT

Si votre enfant est âgé de 6 à 12 ans, a l'esprit d'un constructeur et de surcroît aime les Legos, vous êtes à la bonne adresse.
Des Duplos pour les petits, aux Legos pour les plus grands, vos chérubins créeront de véritables petits robots tout en s'amusant. Les aînés apprendront la programmation, ainsi que les principes de la robotique et réaliseront leurs propres modèles.
Smartit dispose de deux centres : l'un à Al Jazi Gardens en plein cœur de West Bay et l'autre à Gharafa en partenariat avec SFQ Sports Academy.
Al Jazi Gardens
(près du Lycée Bonaparte)
SFQ Sports Academy
Al Gharafa
(non loin du Landmark)
Tél. : **+974 4486 6293**
Courriel : **info@thelittleengineer**
Site : **http://smartit.qa/**

THE LITTLE ENGINEER

Votre enfant a l'âme d'un petit génie ? Ne cherchez plus, The Little engineer l'aidera à vivre ses passions.
Le centre dispense des cours de programmation et de robotique pour les enfants âgés de 6 à 18 ans. En outre, l'établissement organise des ateliers durant les vacances et l'équipe peut animer l'anniversaire de vos enfants. La session d'essai d'une heure coûte 100 QAR.
Al Waab Street, villa n°4
(En face du Villagio)
Tél. : **+974 4481 3849 - +974 4443 9406 - + 974 6623 8884**
Courriel : **info@thelittleengineer**

ANNIVERSAIRE DE VOS ENFANTS

Organiser un anniversaire peut devenir un casse-tête. Les parents doivent penser à tant de détails pour faire de cette fête un événement réussi qu'ils appréhendent bien souvent les quelques heures durant lesquelles se déroulent les réjouissances.

Si vous avez uniquement besoin d'animer l'anniversaire pourquoi ne pas regarder du côté des entreprises proposant des ateliers scientifiques (Voir ACTIVITÉS SCIENTIFIQUES), des activités nautiques (Regatta Sailing Academy) ou équestres (Al Shamariya Equestrian Centre).

Voici néanmoins une liste non-exhaustive d'entreprises qui vous aideront à faire de l'anniversaire de votre enfant un moment inoubliable :

Children's way party entertainment

Ici tout est possible, des animations à l'anniversaire clef en main : Piñata, orchestre, clowns, gâteau d'anniversaire, repas végétarien pour les enfants, décoration… Rien n'est un problème.

Tél : +974 6658 6398

Courriel : childrenswayqatar@yahoo.com

Site : https ://www.facebook.com/childrenswayqatar

Easy Party

Easy Party est le spécialiste dc l'organisation des événements dans tous les domaines. Bien entendu, il pourra prendre en charge la totalité de la gestion d'un anniversaire.

Si vous avez des rêves fous, c'est ici ! Easy Party peut même créer un mini zoo… dans votre jardin.

Tél : +974 5559 4228 – +974 3320 9614

Courriel : easypartys@hotmail.com

Site : https ://www.facebook.com/EasyPartys/

Café céramique

Voir ARTS PLASTIQUES

Activités linguistiques

ALLEMAND

Initiative German Language Classes Qatar

Cet organisme, émanation du Goethe Institute, dispense des cours d'allemand aux enfants comme aux adultes.

Les enfants sont répartis par groupe d'âge : les 3 à 5 ans et les plus de 5 ans. La pédagogie utilisée est celle du jeu et des chants. Les plus grands sont répartis dans trois groupes qui sont constitués en fonction des capacités linguistiques de l'enfant.

Les adultes peuvent suivre des cours en allemand général ou allemand des affaires. Les sessions débutent généralement en octobre, janvier et avril de chaque année.

Il est également possible de suivre des cours individuels à raison de 2 000 QAR les 10 cours de 45 minutes si vous vous rendez au centre de langue et 2 500 QAR si vous préférez les cours à domicile. Les livres remis ne sont pas inclus dans le prix.

German International School
Ibn Seena School Street, n° 30
Site : www.gbcqatar.com/language-centre dr. anke Schmidt
Email : deutschunterricht.qatar@gmail.com email : info@slz-doha.qa
Tél. : +974 44 582 783

ANGLAIS

Berlitz

Cette société bien connue propose un apprentissage de nombreuses langues. Plusieurs formules sont proposées :

•l'immersion : ce programme s'étale sur deux à trois semaines pendant une journée entière. L'apprenant étudie avec deux professeurs afin d'améliorer ses compétences de compréhension de la langue. Le déjeuner a lieu également avec l'un des instructeurs ;

•cours particuliers pour accélérer les capacités d'expression et de compréhension de l'apprenant ;

•cours en petits groupes de deux ou trois participants ;

•cours en groupes de 4 à 7 participants.
Berlitz propose également des cours aux enfants en utilisant une méthode ludique.

Berlitz language center
e ring road, mesaimeer
P.O.box 23605 doha, Qatar
Tél. : **+974 44 550 506 / 7**
Fax : **+974 44 550 503**
Mob : **+974 66 142 916**
Courriel : **berlitzqatar@qatar.net.qa**
Site : **www.berlitz-qatar.com**

British Council

L'antenne du British Council au Qatar dispense des cours aux enfants et aux adultes.

Les adultes sont placés dans des classes selon leur niveau, après le passage d'un test. Il y en a 7 : du débutant au niveau avancé. Les niveaux sont eux-mêmes scindés en quatre sous-niveaux. Les enfants sont répartis dans les classes en fonction de leur âge : 7-10 ans (Junior), 11-14 ans (Senior) et 15-17 ans (jeunes adultes).
Les enseignants se concentrent sur les compétences de base : parler, écouter, lire et écrire en utilisant des activités en classe qui reflètent la vie réelle. Les stagiaires sont encouragés à développer leurs compétences linguistiques en dehors de la salle de classe à l'aide des ressources en ligne mises à leur disposition.
Les cours sont dispensés pendant 30 heures durant dix semaines, ou 5 semaines en cas de choix du programme intensif. Les enfants suivent les cours deux fois par semaine : dimanche et mardi ou lundi et mercredi. Des cours sont également proposés le samedi durant 3h, au lieu d'1h30.
Des préparations aux tests, comme l'IELTS, sont également proposées.
Les cours d'anglais général coûtent 2 400 QAR auquel il convient d'ajouter 50 QAR pour le passage du test.

British council
203 al Sadd Street
P O box 2992
Doha, Qatar
Tél. : **+974 44 251 888**
Courriel : **general.enquiries@qa.britishcouncil.org**
Site : **www.britishcouncil.qa/en**

Education Center

Ce centre dispense des cours en anglais général, en anglais des affaires et prépare aux tests. Il est situé en centre-ville, à deux pas de l'école française et de l'école libanaise.

L'établissement n'applique pas une méthode qui lui est propre, la qualité des cours dépend donc beaucoup de

l'enseignant. Mieux vaut tester d'abord !
Pour des cours de 30h d'anglais général, il vous en coûtera 2 100 QAR. Le test en revanche est gratuit.

Educate learning Center
Aamal Tower, West bay, 1er étage
Tél. : +974 44 177 103
Mob : +974 50 145 347
Courriel : info@educate.com.qa
Site : www.educate.com.qa

ARABE

Fanar

Le centre culturel islamique Fanar est situé dans la mosquée en forme de spirale proche du Souq Waqif. Il propose des cours d'arabe.

Les stagiaires sont classés en cinq niveaux. Une classe de conversation uniquement est également proposée.
Les cours ont lieu deux fois par semaine, les dimanches et mardis ou les lundis et mercredis, à raison d'une heure trente durant deux mois et demi. Les hommes peuvent choisir entre les horaires suivants : 8h à 9h30, 17h à 18h30 ou 19h à 20h30, les femmes auront la faculté de choisir entre : 8h30 à 10h, 10h30 à 12h, 17h à 18h30 ou 19h à 20h30.
Le Fanar vient d'être repris par un nouveau gestionnaire. Le port du foulard jadis obligatoire pour les femmes, ne l'est plus.
Les cours sont très bon marché. Vous ne débourserez que 300 QAR par session.
Pour vous inscrire, il vous suffit d'apporter votre ID et deux photos d'identité.

Qatar Islamic Cultural Center Fanar
Tél. hommes : +974 42 50 175
Tél. femmes : +974 42 50 173 / 289
Email : info@fanar.gov.qa
Site : www.fanar.gov.qa

L'Institut Français

L'Institut Français dispense désormais des cours d'arabe destinés à faciliter votre vie quotidienne et à vous doter d'une nouvelle compétence linguistique et culturelle.

Mêlant arabe littéral et dialectal, les leçons sont plus particulièrement axées sur la communication. Comptez 2 800 QAR pour 36 heures de cours,

135 Al Inshirah Street,
à côté de l'ambassade du Kenya.
Tél : +974 44 93 08 62
Site : www.institutfrancais-qatar.com

Qatar University

L'université propose un programme d'un an pour les personnes souhaitant étudier l'arabe comme langue étrangère.

La formation s'adresse à des apprenants qui ont déjà des

bases dans cette langue. Elle a pour objectif de développer les compétences de communication : écrire, lire, parler, écouter, et mieux connaître la culture. Trois niveaux sont proposés, divisés chacun en deux sous-niveaux.

Pour pouvoir s'inscrire, l'étudiant devra remplir les conditions suivantes :

- être âgé de 18 à 40 ans ;
- avoir de préférence un diplôme universitaire et au minimum un baccalauréat ;
- avoir une bonne maîtrise de l'alphabet et des connaissances de base en arabe. De manière générale, le candidat doit pouvoir communiquer avec l'administration de l'université en anglais ou en arabe.

Les frais de scolarité s'élèvent à 3 600 dollars par an.

College of arts and Sciences
University of Qatar
P.O. box 2713, doha,
State of Qatar
***Courriel :* arabicprogram@qu.edu.qa**
***Tél. :* +974 44 034 584**
***Courriel :* zuzana.pavelkova@qu.edu.qa**
***Tél. :* +974 44 034 591**
***Site :* www.qu.edu.qa/artssciences/anns/**

Hamin Bin Khalifa University : centre d'interprétariat

L'institut de traduction et d'interprétariat propose des cours d'arabe aux adultes de plus de 18 ans.

Chaque session dure deux semestres : le premier en septembre et le second en janvier, à raison de deux cours par semaine.

Les apprenants sont placés dans des classes selon leur niveau : débutant à intermédiaire.

La formation s'élève à 2 000 QAR. Une réduction sur le prix de 200 QAR est consentie pour les salariés de la Qatar Foundation.

Al luqta Street
Awsaj building, 1er étage
P.O box 5825
***Tél. :* +974 44 542 507**
***Email :* tii.languagecenter@qf.org.qa**

Bonjour Paris

Voir p. 175

CORÉEN

Sarang Plus Korea Culture center

Le centre culturel coréen dispense des cours de coréens. Les femmes peuvent intégrer un groupe exclusivement féminin. Deux niveaux sont proposés : débutant et intermédiaire.

Les cours sont dispensés les dimanches et mercredis de 16h à 17h30 pour les femmes

et de 18h à 19h30 pour les classes mixtes.
Il vous en coûtera 500 QAR pour 8 leçons.

Sarang Plus
Onaiza Street
Courriel **: sarangplus.qa@gmail.com**
Tél. : +974 33 946 055 / +974 33 859 974

ESPAGNOL

Hamin Bin Khalifa University : centre d'interprétariat

Outre des cours d'arabe et de français, l'institut de traduction dispense également des cours pour l'apprentissage de l'espagnol aux adultes et aux enfants de 11 à 14 ans.

Les adultes sont réunis par groupe de niveaux, de débutants à pré-intermédiaires. Les cours sont dispensés les lundis et mercredis, en matinée ou en fin de journée de 17h30 à 19h30.
Le coût de la formation s'élève à 2 000 QAR.

Al luqta Street
Awsaj building, First Floor
P.O box 5825
Tél. : +974 44 542 507
Courriel : tii.info@qf.org.qa
Site : **www.tii.qa/language-center/spanish-language-program/Fall-Spanish-Courses**

Bonjour Paris

Voir p. 175

FRANÇAIS

Institut Français

L'institut propose des cours de français aux enfants et aux adultes. Les apprenants sont classés selon leur niveau, et par groupe d'âge.

Pour les enfants de 5 à 11 ans, les cours sont dispensés à raison d'une heure de 16h à 17h, deux fois par semaine. Pour les 12 à 16 ans, la durée du cours est portée à 1h30, deux fois par semaine, de 17h à 18h30.
L'institut propose aussi une formation au français des affaires et le passage de diplômes qui certifient la bonne maîtrise du français.

Institut Français
135 al Inshirah Street – doha – Qatar
Tél. : +974 44 930 862
Email : **info@institutfrancais-qatar.com**
Site : **www.institutfrancais-qatar.com**

Bonjour Paris

Ce petit centre fondé en 2013 dispense des cours de français, d'espagnol, d'arabe et, depuis peu, d'anglais.

La gérante, très dynamique, organise aussi de nombreuses activités, comme la peinture sur soie et le dessin.

Al Duhail South, Doha
(près du Landmark)
Tél. : +974 4414 8524

JAPONAIS

Qatar Eastern Language Center

Cet institut dispense des cours de japonais aux adultes comme aux enfants.

Les apprenants sont répartis dans des classes en fonction de leur niveau. En moyenne, les cours coûtent 1 500 QAR pour 16 leçons d'1h30. Pour des cours individuels, il faut compter 150 QAR pour 1h et 200 QAR pour 1h30. Vous pourrez même vous initier à la calligraphie japonaise pour 500 QAR les 4 leçons.

Office Center building
1st floor, room168
Au coin de mishaal St
et de Jabala bin malik St
***Tél. :* + 974 44 914 480**
***Tél. :* + 974 66 908 551**
***Site :* www.sites.google.com/site/qatarelc/**

NÉERLANDAIS

Compass International School Doha

L'école offre, après les classes, un programme d'apprentissage du néerlandais ouvert aux enfants d'autres écoles, à raison de trois heures par semaine.

L'établissement organise également des journées culturelles durant le week-end.
Les cours sont disponibles dans les établissements de Gharaffa et de Madinat Khalifa.

Compass International School doha
Plot 13, al Waab al abareeq Street
Gharaffa area no. 31, doha
***Tél. :* +974 44 877 445**
***Courriel :* nTC-doha@wclschools.org**
***Site :* www.nordangliaeducation.com/our-schools/doha**

Musées et espaces culturels

FIRE STATION

Cette ancienne caserne de pompiers est une résidence d'artistes. Ouvert au public tout récemment, le Fire station abrite un espace d'exposition. À terme le centre proposera des ateliers, des salles de projection, un café, une librairie et une boutique de loisirs créatifs.

Mohammed Bin Thani Street
Old Civil Defense
Roundabout
***Site :* http://www.firestation.org.qa**

KATARA

Ce village culturel a été conçu pour incarner le rêve du savant. Construit sur le modèle des ruelles Qataries traditionnelles (Al Fareej), l'architecture crée un environnement propice à l'organisation d'activités culturelles et innovantes dans le pays. Katara n'est pas qu'un pôle culturel, c'est aussi un lieu de rencontres pour les artistes et les intellectuels et un territoire de promotion de la culture. De nombreux événements sont organisés chaque mois : festivals, expositions, forums, ateliers, concerts, projections cinématographiques...

Katara Cultural Village
Tél. : +974 44 080 000
Site : www.katara.net

MATHAF – ARAB MUSEUM OF MODERN ART

Ce musée, ouvert en 2010, célèbre l'art moderne et contemporain. Il est conçu comme un espace d'inspiration pour les artistes de la région et dans le monde.

Vous pourrez découvrir les grandes tendances de l'art contemporain au Moyen-Orient, puisque le musée abrite des œuvres d'artistes de tous les pays arabes, principalement des peintures et des sculptures.

Ouverture : dimanche, mardi, mercredi, jeudi et samedi de 11h à 18h ; vendredi de 15h à 21h ; fermé le lundi.
Près d'education City (au large d'al-luqta Street)
Site : www.mathaf.org.qa

Bon à savoir

N'HÉSITEZ PAS À PRÉPARER VOTRE VENUE AU MATHAF, EN DÉCOUVRANT LA VISITE VIRTUELLE SUR GOOGLE ART PROJECT, EN TAPANT DANS UN MOTEUR DE RECHERCHE : GOOGLE ART PROJECT MATHAF.

CULTURE PASS

Ce passe gratuit donne aux résidents de nombreux avantages : accès aux vernissages, visites privées des musées placés sous l'autorité de QM, 15 % de réduction dans certains points de vente des musées (boutiques, cafés, IDAM), invitation à des ateliers...

Inscription : www.qm.org.qa/en/culturepass
Tél. : 138

MUSÉE D'ART ISLAMIQUE

Ce musée est une merveille architecturale. Inauguré en novembre 2008, le MIA a été conçu par Ieoh Ming Pei (c'est lui la pyramide du Louvre tant décriée !) et mis en scène par Jean-Michel Wilmotte. Cette œuvre magique, édifiée sur une île artificielle, se joue des ombres et des effets de lumière.

Lors d'une promenade le long de la corniche, venez admirer les collections d'Art Islamique provenant de trois continents, et dont les plus anciens joyaux datent du VIIe siècle. Vous découvrirez de nombreux chefs d'œuvres : céramique, ferronnerie, bijoux, bois, textiles, verre.

Et si vous ne pouvez pas vous y rendre, vous pourrez toujours profiter d'une visite virtuelle.

Vous pouvez vous joindre à la visite guidée ayant lieu à 14h, tous les jeudis et samedis, en anglais et en arabe.

Ouverture : **dimanche, lundi et mercredi de 10h30 à 17h30 ; Jeudi et samedi de 12h à 20h ; vendredi de 14h à 20h ; fermé le mardi.**

Site : **www.mia.org.qa**

Bon à savoir

LA BOUTIQUE DU MIA EST ÉGALEMENT À VISITER, VOUS Y TROUVEREZ DES SOUVENIRS ORIGINAUX ET DE TOUTE BEAUTÉ.

MUSÉE SHEIKH FAISAL BIN QASSIM AL THANI

Le Cheikh a créé son propre musée où il expose une collection fort riche : peintures, tapis, objets, voitures, bateaux... au milieu d'une ferme située à 22 kilomètres à l'ouest de Doha. Les enfants seront ravis, car ils pourront découvrir alentours des oryx et des gazelles. Le musée est ouvert de 9h à 18h. Il faut théoriquement réserver les tickets avant la visite, mais souvent les employés à l'accueil font une exception.

Al Samriya

Tél. : **+974 4486 1444**

Courriel : **info@fbqmuseum.org**

Site : **www.fbqmuseum.org**

Bibliothèques

INSTITUT FRANÇAIS

Cette institution met à disposition des adhérents un fonds éditorial en langue française, composé de revues, de livres et de DVD. Il est possible, moyennant une cotisation, d'emprunter des ouvrages dans les domaines de la littérature adulte et jeunesse, des essais ou encore des beaux livres. En revanche, la consultation sur place est gratuite.
L'institut vous permet d'accéder également à Culturethèque, une bibliothèque numérique en ligne qui propose des ressources en langue française : soutien scolaire, romans, livres audio, essais, magazines – du Monde Diplomatique à Vogue –, des journaux, des émissions de télévision, des ateliers de formation, des jeux éducatifs pour les enfants...
Pour y avoir accès, vous paierez 500 QAR pour un abonnement familial et 300 QAR pour un abonnement individuel.

Ouverture : du dimanche au jeudi de 1 à 13h et de 15h à 19h et le samedi de 10h à 13h et de 14h à 18h.
Institut français au Qatar
135 al Inshirah Street – doha
Tél. : +974 44 930 862

MATHAF

La bibliothèque du Mathaf contient un fonds de plus de 7 000 références permettant d'effectuer des recherches dans les domaines des arts et du design.

Les heures d'ouverture de la bibliothèque correspondent à celles du musée.
(voir musées et espaces culturels)
Education City

MUSÉE D'ART ISLAMIQUE

La bibliothèque se trouve au 1er étage de l'Education Center. Elle contient des ouvrages sur l'art islamique, des livres de référence dans le domaine de l'art, des expositions, des périodiques et les catalogues de maison de ventes aux enchères. Les ouvrages composant le fonds sont en arabe, anglais et dans d'autres langues. Ils doivent être consultés sur place.

Ouverture : Dimanche, lundi et mercredi de 10h30 à 17h30 ; jeudi de 12h à 17h ; fermée le mardi.
La Corniche – Doha

QATAR NATIONAL LIBRARY

Des centaines d'ouvrages et de magazines électroniques

sont désormais à la disposition des résidents du Qatar.

Vous avez sûrement entendu parler du projet de la grande bibliothèque nationale du Qatar qui doit ouvrir ses portes en 2015, conçue par l'architecte hollandais Rem Koolhaas. À l'ouverture, cette dernière devrait compter 1,2 millions de livres, dont plus de 500 000 livres électroniques, en anglais et en arabe.

En attendant 2015, vous pouvez d'ores et déjà profiter des livres électroniques et des magazines (Elle, Marie Claire...) qui sont disponibles sur le site de la Qatar National Library (QNL).

Pour vous inscrire, il suffit de détenir un qatari ID (carte d'identité) valide et de remplir un formulaire sur le site de QNL : **www.library.qnl.qa/selfreg**

Vous recevrez un code-barres que vous devez conserver précieusement. Pour achever votre inscription, vous devrez vous rendre aux bureaux temporaires de la Bibliothèque où vous remettrez aux libraires une copie de votre qatari ID ou de votre permis de résidence. Ces formalités accomplies, vous recevrez votre mot de passe et vous aurez ainsi accès, gratuitement, à tous les ouvrages en lignes.

Cette base de données est composée de nombreux livres audio pour les enfants. Ces derniers ne peuvent pas avoir de session à leur nom avant 18 ans, mais pourront bénéficier de celle de leurs parents.

Votre session expirera en même temps que votre carte de séjour. Pour renouveler votre inscription, il vous faudra informer le département technique de la QNL et donner une copie de votre nouvelle pièce d'identité.

Pour consulter la liste du fonds éditorial disponible, rendez-vous sur la page de la QNL : **www.qnl.qa**

Les cinémas

Les salles de cinéma sont situées principalement à West Bay, Landmark Villagio et Pearl.

QTICKET

Pour connaître les horaires des films et la programmation de l'ensemble des salles, vous pouvez vous connecter sur le site Qticket.

GRAND CINE CENTER

Ce cinéma est situé dans le centre commercial City center. Pour voir la programmation et réserver, rendez-vous sur Cineco.
Conference center street
Westbay, doha
Site : www.cinecomovies.com/theatres_sho wtimes. php ?theaterid=5

CINEMALAND

Ce cinéma est situé dans le centre commercial Landmark. Pour voir la programmation et réserver, rendez-vous sur qatarcinemas.
Al Shamal road, Gharaffa, doha
Site : www.qatarcinemas.com

MALL CINEPLEX

Ce cinéma est situé à proximité du vieil aéroport.
Pour voir la programmation et réserver, rendez-vous sur qatarcinemas.
D ring road, doha
Site : www.qatarcinemas.com

CINEMA PALACE

Le cinéma est situé dans le centre commercial du Royal Plaza. Pour voir la programmation et réserver, rendez-vous sur qatarcinemas.
Al Sadd – doha
Site : www.qatarcinemas.com

CINECO 13 ET IMAX

Le cinéma est situé dans le centre commercial de Villagio, et compte une salle Imax. Pour voir la programmation et réserver, rendez-vous sur Cinecomovies.
Al Waab Street – doha
Site : www.cinecomovies.com/theatres_sho wtimes. php ?theaterid=5

NOVO PEARL QATAR

Ces nouvelles salles de cinéma sont situées à Pearl, dans le quartier de Medina Centrale.
The Pearl – doha
Site : www.cinemaqatar.com/index.php ?page=novo-cinema-the-pearl

Associations

ASSOCIATIONS FRANCOPHONES

Doha Accueil

Cette association à but non lucratif gérée par des bénévoles, appartient à la Fédération Internationale des Accueils Français et francophones de l'Etranger (FIAFE) qui regroupe plus de 200 Accueils.

L'équipe aide les francophones et francophiles à s'intégrer plus rapidement grâce à l'expérience des anciens. Elle propose tout au long de l'année de nombreuses activités culturelles, sportives et familiales. Une rencontre autour d'un café est organisée tous les mois. En outre, des cafés de quartier sont mis en place afin de créer du lien entre francophones d'un même lieu géographique. Les cafés-poussette qui réunissent de jeunes mamans sont très populaires. La cotisation s'élève pour l'année à 350 QAR.

Courriel : dohaaccueil@gmail.com

Site : www.dohaaccueil.com

Bon à savoir

DOHA ACCUEIL TIENT À JOUR UNE LISTE TRÈS PRÉCIEUSE DE BABY-SITTERS FRANCOPHONES.

Union des Français de l'Etranger

L'UFE est une association reconnue d'utilité publique qui regroupe des français et des francophones dans le monde entier.

Ce groupement défend les intérêts des adhérents et leur apporte soutien et entraide au quotidien.
L'adhésion s'élève à 70 euros pour un couple, et 50 euros pour une personne seule.

Tél. : + 974 66 710 655

Amicale de l'Université Saint-Joseph

L'Amicale rassemble les anciens étudiants de l'Université Saint-Joseph de Beyrouth. Ils se rencontrent mensuellement lors d'un « happy hour » pour garder le contact et organisent des activités tout au long de l'année.

Si vous êtes ancien de l'USJ, de l'école Notre Dame de Jamhour ou tout simplement des pères jésuites, vous pourrez échanger entre membres d'une même communauté.

Courriel : amicale.usj.qatar@gmail.com

Site : www.facebook.com/# !/groups/670743422971623/

ASSOCIATIONS ANGLOPHONES

The American Women's Association of Qatar

AWA Qatar est une association à but non lucratif, créée en 1979 sous l'auspice de la Federation of American Women's Clubs Overseas. Cette fédération est une ONG qui bénéficie d'un statut consultatif auprès du Conseil économique et social des Nations Unies.

L'association propose des activités diversifiées à ses membres : club de lecture, couture, golf, marche, sorties… L'adhésion s'élève à 300 QAR l'année.

Site : www.awaqatar.com

Doha Mums

Cette association très réputée offre aux mamans un lieu d'échange sur la santé et l'éducation de leurs enfants.

Elle propose en outre de nombreuses activités : groupes de jeux, café des nouveaux arrivants, groupe des jeunes mamans et femmes enceintes…

L'adhésion coûte 150 QAR.

Site : www.dohamums.com

Bon à savoir

DOHA MUMS PUBLIE UN JOURNAL GRATUIT « DOHA FAMILY ».

Consultez le site web du magazine : http://www.dohafamily.com

Canadian's in Qatar

Cette association réunit les canadiens installés au Qatar et les sympathisants.

Courriel : info@canadiansinqatar.com

Site : www.facebook.com/canadiansinqatar

Qatar Natural History Group

L'association a été créée en novembre 1978. Elle réunit des personnes ayant un intérêt pour l'histoire naturelle, la culture, l'archéologie du Qatar et du golfe.

Les réunions ont lieu entre octobre et juin, le premier mercredi de chaque mois, à 7h, dans le gymnase de Doha English Speaking School.

L'association propose un programme de conférences et

met à disposition de ses adhérents une bibliothèque. Des excursions et des randonnées ont lieu, deux fois par mois, durant le week-end. Elles sont animées par des personnes ayant des connaissances approfondies dans un domaine.
L'adhésion coûte 100 QAR par famille et 50 QAR pour un adulte.
Pour adhérer : www.qnhg.org/sign-up

ASSOCIATIONS ARTISTIQUES

Rencontres Artistiques

Ce groupe francophone réunit artistes et amoureux d'art sous toutes ses formes. Les membres se rencontrent périodiquement pour échanger des idées, partager des informations, voire organiser des événements en commun, comme des expositions.

Le groupe a marqué une pause, en raison du départ de son animatrice.

International Artists Doha

Groupe créé par des artistes pour des artistes de toutes nationalités résidant à Doha. Toutes les disciplines sont représentées.

L'objectif du groupe est de favoriser l'échange d'informations grâce au partage d'expériences.
Le groupe participe à des expositions et des publications.
Email: iadqatar@gmail.com

Doha

PROMENADE SUR LA CORNICHE

La corniche, c'est 7 kilomètres de promenade qui s'étendent le long de la baie de Doha, de l'hôtel Sheraton au Musée d'art Islamique. C'est un endroit où il fait bon marcher ou faire du jogging.

Vous pourrez y contempler les monuments qui caractérisent la corniche : l'hôtel Sheraton, la perle, la sculpture baptisée The Dallah coffee pot (sculpture représentant la Dallah, une cafetière servant à faire le traditionnel café arabe) et la sculpture « 7 » de Richard Serra.

Bon à savoir

DE NOMBREUX CONDUCTEURS DE DHOWS (BÂTEAUX TRADITIONNELS) VOUS PROPOSERONT UNE BALADE DANS LA BAIE DE DOHA.

Comptez 35 QAR par personne la demi-heure.

AL SAFLIYA ISLAND

Voici une belle manière de voir Doha autrement. L'île d'Al Safliya est une bande de sable fin d'où il n'y a certes pas grand-chose à faire mais qui vous offre un magnifique point de vue sur la ville, de jour comme de nuit.

L'occasion de vous reposer, vous baigner, pique-niquer et vous livrer à des jeux de plage. Vous aurez peut-être la chance d'y croiser des raies ou des flamands roses selon la saison.

Attention il n'y a pas de poubelles sur place, prévoyez donc de quoi remporter vos déchets.

Pour vous y rendre, un Kayak ou une planche à rame (paddle) feront l'affaire. Les plus paresseux pourront négocier le prix du trajet avec l'un des nombreux propriétaires de boutres (Dhow) qui jouxtent la corniche.

SOUQ WAQIF

Le Souk est très apprécié des touristes et des résidents du Qatar. Reconstruit, il y a quelques années dans le souci de donner à l'ensemble un aspect traditionnel, c'est un endroit fort agréable et apprécié où l'on peut flâner et surtout faire son shopping.
On y trouve de tout : des épices, de l'or, des tapis et même un marché aux animaux domestiques et… aux faucons.
C'est aussi un endroit où il fait bon flâner le soir, pour dîner en terrasse ou encore fumer un narguilé. Vous pourrez également y faire fabriquer des bijoux ou confectionner des vêtements sur mesure. L'ouverture d'un second parking souterrain dont l'entrée se trouve sur la corniche rend le stationnement bien plus aisé depuis quelques temps. Au souk, tout se marchande n'hésitez donc pas à négocier !
Ouvert tous les jours de 8h à 13h et de 16h à 23h voir plus… Tous les week-ends des animations sont organisées : chants, danses… Si vous souhaitez dîner en terrasse le week-end n'y allez pas trop tard !

SOUQ AL DEERA

Situé juste derrière le Fanar, le Souq Al Deera est peuplé de petites galeries où l'on trouve tout le nécessaire pour la couture : une grande variété de tissus, mercerie, saris indiens…
Il y a de tout, du coton premier prix aux soies les plus raffinées. Vous y trouverez également de nombreux tailleurs pour hommes & femmes.

THE PEARL

Archipel d'îles artificielles, The Pearl est proche du centre de Doha. Il abrite une marina, une promenade de front de mer (la croisette) que bordent de nombreux restaurants.
The Pearl comprend aussi des quartiers d'habitation, dont le fameux Qanat, réplique de Venise. Malheureusement la circulation en rend l'accès compliqué en soirée et le matin tôt. Les plages du Qanat et Nikki beach sont très agréables mais réservées aux résidents.

Bon à savoir

AVANT DE VOUS LANCER À L'ASSAUT DE THE PEARL ET AFIN DE MIEUX VOUS REPÉRER, NOUS VOUS CONSEILLONS D'ALLER JETER UN ŒIL À L'IMMENSE MAQUETTE QUI SE TROUVE DANS LE BÂTIMENT THE OYSTER.

Ce grand bâtiment blanc se trouve à droite juste après avoir passé le pont d'accès à Pearl. Il s'agit en fait des bureaux du promoteur immobilier de Pearl où les visiteurs sont acceptés.

Cette grande maquette vous donne un très bel aperçu du développement que constitue la presqu'île artificielle de The Pearl et vous saurez apprécier la minutie et le réalisme des détails.

N'hésitez pas à monter à l'étage pour avoir une vue plongeante sur l'ensemble de la maquette.

KATARA

Katara est un village culturel qui abrite un théâtre, de nombreuses galeries, des restaurants et une très belle promenade de front de mer.

PARC DU MUSÉE D'ART ISLAMIQUE

Le parc du Musée est l'endroit idéal où flâner le vendredi, jour non travaillé au Qatar. De nombreuses activités sont disponibles (en dehors de la période d'été qui est trop chaude). Vous pourrez ainsi louer un vélo ou un pédalo, par exemple.

Au sein du parc, vous pourrez admirer « 7 », célèbre sculpture de Richard Serra ou vous désaltérer dans le café du parc qui fait face à la mer avec une vue magnifique sur la ville. Un jeudi par mois des concerts de jazz en live ont lieu à proximité du café durant la belle saison.

ASPIRE ZONE

Aspire zone est un immense complexe sportif de 250 hectares qui comprend tous les équipements indispensables aux sportifs professionnels.

Vous pourrez y découvrir :

- un stade sportif de plus de 50 000 places : Khalifa International Stadium ;
- le plus grand stade couvert du monde conçu par l'architecte français Roger Taillibert, spécialiste des villages olympiques. Baptisé l'Aspire

Dome, il comprend une dizaine de terrains de sports ;

• une piscine olympique nommée le Hamad Aquatic Center.

L'Aspire zone est aussi un espace de vie. L'ensemble des activités qui y sont organisées figurent sur le site « Life in aspire ».

www.lifeinaspire.qa

Le restaurant de l'hôtel Torche Doha fait lui aussi partie des curiosités (Voir, Three Sixty, section autres cuisines).

MOSQUÉES

Abdul Wahhab Mosque

Il s'agit de la plus grande mosquée du Qatar, elle est ouverte à la visite aux non-musulmans. Elle est de couleur sable et de style très sobre.

Abdul Wahhab Mosque est située à l'intersection de Khalifa Street et de Al Istiqlal Street. Elle se visite tous les jours sauf pendant les heures de la prière et le vendredi matin. La visite et le guide sont gratuits.

Pour la visiter, 3 options s'offrent à vous :

1/ Vous pouvez demander auprès du Fanar (le centre de culture islamique) la présence d'un guide anglophone lors de votre visite. Le jour et l'horaire sont à votre convenance en fonction des disponibilités des guides. Ces derniers vous expliqueront les piliers de l'Islam et les rituels de la prière.

2/ Vous pouvez vous inscrire à une visite collective proposée également par le Fanar, le dernier vendredi après-midi de chaque mois. Vous pourrez faire une visite de la mosquée Abdul Wahhab uniquement, ou une visite de cette mosquée couplée à la visite de la mosquée de Katara. Ces visites sont parfois suivies d'un dîner arabe traditionnel.

Tél : **44 25 02 25 – 70 00 20 71**

Email : **info@fanar.gov.qa**

Site : **www.fanar.gov.qa**

3/ Vous pouvez visiter librement cette mosquée en dehors des heures de prière et du vendredi matin.

Pour les femmes, il faut tout d'abord se rendre dans le hall pour femmes situé sur la gauche de la mosquée pour que l'on vous prête une abaya et un voile. Une fois vêtue de l'abaya et du voile, vous pouvez vous promener librement dans l'édifice.

À partir du hall pour femmes, les dames se rendent au 1er étage afin de découvrir la salle de prière des femmes (le hall pour femmes ainsi que la salle de prières pour femmes sont interdits d'accès aux hommes).

Puis les femmes descendent au sous-sol aux toilettes pour femmes admirer la très belle salle

des ablutions décorée de faïence, là où les musulmans se lavent les mains et les pieds avant la prière.
Ensuite, les femmes rejoignent à l'extérieur les hommes pour la visite de la cour intérieure, puis de la salle de prière des hommes (ouverte à la visite aux hommes et aux femmes).
À partir de la cour intérieure, les hommes se rendent aux toilettes pour hommes admirer la salle des ablutions des hommes, aussi joliment décorée que celle des femmes.
La dishdash n'est pas obligatoire pour les hommes, mais un pantalon (ou pantacourt assez long) et un t-shirt ou une chemise à manches courtes seront de rigueur.
N'oubliez pas de vous déchausser avant d'entrer dans les salles de prières.
Sur l'esplanade devant la mosquée, vous bénéficiez d'une magnifique vue sur West Bay.
Des petites voiturettes électriques peuvent également vous faire faire un tour du site gratuitement.

Blue Mosque de Katara

Située dans le village culturel de Katara, la Blue Mosque est beaucoup plus petite que la mosquée Abdul Wahhab, mais son extérieur est richement décoré de faïences colorées.

Vous pouvez vous permettre d'ouvrir la porte de cette mosquée et de prendre quelques photos de l'intérieur.
Et profitez de votre présence à Katara pour aller admirer un peu plus loin la Golden Mosque de Katara tout d'or revêtue (mais qui ne se visite pas).

Aux environs de Doha

LE DÉSERT ET LA MER INTÉRIEURE

C'est la destination du week-end pour bon nombre de Qatariens et d'expatriés.
Sortez de Doha, quittez la ville et partez passer un week-end en pleine nature.
Au départ de Doha, il faut suivre la route vers le sud, passer Al Wakrah et Messaieed pour rejoindre le Sealine Beach Resort, porte d'entrée du désert, là où la route goudronnée s'arrête.
Comptez environ 45 minutes pour faire Doha-Sealine Beach Resort. Comme la route est goudronnée jusque-là, vous pourrez y accéder sans difficulté avec une berline classique.
Arrivé au Sealine Beach Resort, vous avez le choix entre 2 options en fonction de votre véhicule :

En voiture Berline : dans ce cas votre voyage s'arrête là. Mais de nombreuses activités s'offrent à vous : vous pouvez louer des quads et des buggys pour vous promener dans le désert. Tous les loueurs se trouvent les uns à côté des autres, à droite de la route juste avant le Sealine Beach Resort.

N'hésitez pas à négocier les prix. Il faut compter environ 150 QAR de l'heure pour un quad 250CC, 500 QAR pour un buggy 2 places et 1 000 QAR pour un buggy 4 places. Évitez le vendredi car il y a beaucoup de monde et cela peut s'avérer dangereux de faire du quad et du buggy dans ces conditions.

Puis vous pouvez aller vous baigner et pique-niquer sur les plages publiques gratuites à gauche ou à droite du Sealine Beach Ressort.

L'autre alternative est de passer la journée au Sealine Beach Resort. Moyennant un droit d'entrée, vous aurez accès à la piscine, à la plage privée et aux restaurants de l'hôtel.

En 4x4 : Dans cette hypothèse, c'est le moment de dégonfler les pneus et de partir à l'assaut des dunes. Une expédition dans le désert ne se fait jamais seul : prévoyez un convoi de 2-3 voitures, afin de vous aider les uns les autres en cas d'ensablement. Le but du jeu est de rejoindre la mer intérieure pour s'y poser. Comptez environ 1 heure depuis le Sealine Beach Resort. Le début du parcours est très facile puisqu'il s'agit d'une piste droite sans dénivelé et la fin se corse avec quelques passages de dunes.

Une fois arrivés sur les bords de la mer intérieure, libre à vous de choisir votre emplacement pour vous poser, avec une petite préférence pour les dunes situées à l'embouchure de la mer intérieure.

En face de vous se dessinent les belles côtes de l'Arabie Saoudite avec des plateaux composés de différentes strates colorées. L'Arabie Saoudite est loin et vous pouvez sans aucun souci vous baigner et camper du côté qatarien. Mais bien sûr n'entreprenez pas la traversée de la mer intérieure à la nage pour rejoindre la côte saoudienne. Ceci signifierait une entrée illégale en Arabie Saoudite et par conséquent un aller simple en prison.

Profitez de votre journée pour vous baigner, ramasser des palourdes (n'oubliez pas votre râteau et vos seaux !) et si vous le souhaitez, le soir venu, plantez les tentes et profitez d'un beau feu de camp et d'un barbecue.

Le lendemain, levée aux aurores avec le soleil, un moment magique pour clôturer un week-end dépaysant et loin de l'agitation de Doha.

Bon à savoir

N'OUBLIEZ PAS DE PRENDRE DE L'EAU EN QUANTITÉ SUFFISANTE ET DE FAIRE VOTRE PLEIN D'ESSENCE À MESSAIEED. A GAUCHE DU SEALINE BEACH RESORT SE TROUVENT QUELQUES MAGASINS DONT UNE PETITE SUPÉRETTE, AINSI QU'UN ATELIER POUR GONFLER ET DÉGONFLER LES PNEUS À VOTRE DISPOSITION TOUTE L'ANNÉE.

Pendant la haute saison (c'est-à-dire l'hiver), des stations de regonflage ambulantes sont également disponibles sur la route du retour juste avant d'arriver au Sealine Beach Resort.

AL KHOR ET SA MANGROVE

Le seul endroit du Qatar où vous pourrez voir de la verdure !

Même s'il ne s'agit pas d'une végétation luxuriante ou d'une forêt, cela fait du bien de quitter le béton de Doha et d'aller se ressourcer dans le vert.

À environ 45 minutes de Doha vers le nord se trouve la petite ville d'Al Khor.

Pour accéder à la mangrove, passez le centre-ville d'Al Khor et continuez vers Al Takhira. Quand vous apercevrez le nouveau supermarché Al Meera sur votre droite, tournez à droite et continuez sur cette route. Quand vous apercevrez 2 bidons avec des drapeaux qatariens sur votre droite, tournez à droite et suivez la route jusqu'à ce qu'elle s'arrête. Garez-vous et poursuivez à pied.

Vous allez passer quelques guets et vous vous trouverez sur Purple Island, une presqu'île de sable et de cailloux entourée de mangroves et d'eau.

Il s'agit d'un bel endroit pour se promener, se baigner et pique-niquer, notamment vers la droite où vous trouverez quelques promontoires rocheux sous lesquels vous pourrez vous abriter du soleil.

La vue sur Al Khor est très belle et l'eau y est transparente.

L'autre option pour découvrir la faune et la flore de la mangrove est le kayak.

Bon à savoir

LA SOCIÉTÉ ENTALEK (WWW.ENTALEK.ORG) PROPOSE DES CIRCUITS DANS LA MANGROVE DE JOUR (POUR UN CIRCUIT DE 2 HEURES, COMPTEZ 200 QAR PAR ADULTE ET 100QAR PAR ENFANT), MAIS ÉGALEMENT DE NUIT EN FIN D'APRÈS-MIDI AVEC UN BARBECUE SUR LA PLAGE SOUS LES ÉTOILES.

Point de départ : Al Thakira Marina
Contact : Steve
Tél. : 30 23 32 07
Email : entalek.org@gmail.com
Site : www.entalek.org

FORT D'AL ZUBARAH

Le fort d'Al Zubarah, situé à 107 kilomètres au Nord de Doha, illustre parfaitement l'architecture des forts arabes. Il a été construit par le Cheikh Abdullah bin Qassim Al Thani en 1938 sur les ruines d'un ancien château.
Pensez à vous munir d'eau et d'une collation, il n'y a pas de lieu pour se restaurer alentours.
Ouverture : 8h à 18h
GPS : n 25° 58' 34"
e 51° 02' 43"

ZEKREET

La région, située sur la côte ouest, abrite de nombreux sites préhistoriques. Cette visite sera l'occasion de découvrir une œuvre monumentale de Richard Serra « East West/West East » plantée en plein désert, à environ 60 kilomètres de Doha : quatre plaques d'acier traversent la presqu'île de la réserve naturelle de Brouq.
Un peu plus loin ne manquez pas « Mystery village », ressemblant fort à des cases en pierre placées mystérieusement au milieu de nulle part. Certaines de ces cases sont à flan de rocher, d'autres de style troglodytes... Un bel endroit pour prendre quelques photos !
Mystery Village
25 35'11.67"N 50 50'10.29"E
A 5 minutes de « Mystery village », vous découvrirez « Film city », reproduction d'un village arabe typique, construit pour servir de décor à un film (La première scène de « Transformers » y a été filmée). Les gardiens soudanais vous lais-

seront gentiment visiter et vous offriront peut-être même le thé. Si vous avez de la chance vous y croiserez peut-être des oryx gambadant tranquillement.

Film City

25 34'41.61"N 50 50'46.65"E

Les courses

Qui n'a pas rêvé de monter un pur-sang arabe ? Le cheval et les dromadaires sont parmi les fleurons du pays. Impossible de ne pas assister à une course. Ce plaisir est à savourer en famille !

COURSES DE CHEVAUX

Le cheval a une place importante dans la culture locale et les courses hippiques ont de nombreux adeptes au Qatar.

Les courses ont lieu d'octobre à mai tous les mercredis et jeudis après-midi de 16h00 à 21h00 environ au Racing & Equestrian Club de Doha. L'hippodrome se situe entre Education City et Aspire et l'accès aux courses est gratuit (les paris sont interdits).

Pour consulter le programme détaillé des courses, rendez-vous sur le site : **www.qrec.gov.qa**

COURSES DE DROMADAIRES

Les courses de dromadaires sont un véritable spectacle et un vrai dépaysement !

Prenez votre voiture et sortez de la ville en passant par Education City et continuez en direction de Dukhan. Le camélodrome se trouve à environ une vingtaine de minutes d'Education City et la sortie est bien indiquée de l'autoroute.

Les courses ont lieu généralement d'octobre à mars, les vendredis et samedi, le matin tôt vers 6h et en début d'après-midi vers 13h.

Les courses n'ont pas lieu tous les week-ends, le calendrier est à vérifier sur le site **www.labregah.net** (malheureusement en arabe uniquement). Toutefois, le calendrier des courses n'est pas forcément respecté et même des courses annoncées peuvent parfois ne pas avoir lieu sans autre explication. Dans ce cas pour ne pas faire un aller-retour inutile, essayez de combiner la sortie « course de dromadaires » avec la visite du musée Sheikh Faisal (à réserver à l'avance) qui est pratiquement en face du camélodrome ou avec une sortie à Zekreet en s'arrêtant soit à l'aller, soit au retour du camélodrome.

Vous pouvez aussi tenter votre chance en fin d'après-midi où vous verrez des entraînements, ce qui constitue déjà un beau spectacle en soi.

Pour voir les courses, le plus simple est d'imiter les Qatariens : restez dans votre 4x4 et suivez les dromadaires le long des pistes du camélodrome.

Bon à savoir

DEPUIS QUELQUES ANNÉES LES DROMADAIRES NE SONT PLUS MONTÉS PAR DE JEUNES JOCKEYS.

Ils sont désormais dirigés par des robots dont la cravache est actionnée par leurs entraîneurs ou leurs propriétaires qui les suivent dans leurs 4x4.

Les plages

KATARA

Sur la plage de Katara, vous pourrez vous prélasser ou vous livrer à des sports nautiques : ski nautique, pédalos, planche à voile... Un terrain de jeu est également aménagé pour les enfants.

Il est interdit de porter des bikinis sur la plage. Certains résidents reportent qu'il est préférable de porter un short sur le maillot de bain.

Prix : 100 QAR pour les adultes – 50 QAR pour les enfants de 6 à 16 ans – gratuit pour les moins de 6 ans et les domestiques accompagnant la famille.

GRAND HYATT DOHA

Vous pourrez accéder aux équipements, piscine et plage, pour 175 QAR par personne les jours de semaine. Pour le week-end, vous devrez acquitter 250 QAR par adulte et 75 QAR pour un enfant de moins de 16 ans.

Vous pourrez vous baigner de 7h au coucher du soleil. L'hôtel est situé à West bay Lagoon.

West bay lagoon, doha, Qatar

Tél. : +974 44 481 234

INTERCONTINENTAL BEACH

Un « passe » vous donnera accès à la très large piscine et à la magnifique plage de l'hôtel. Si vous n'êtes pas membre de l'hôtel, vous pourrez accéder aux équipements tous les jours, sauf le vendredi, moyennant l'achat d'un laissez-passer.
Il vous en coûtera le samedi 350 QAR par adulte et 100 QAR pour les enfants. Le tarif est de 200 QAR pour les adultes les jours de semaine.
Al Isteqlal road, West bay lagoon, doha, Qatar
Tél. : +974 44 844 444

LES PLAGES EN DEHORS DE LA CAPITALE

Elles sont nombreuses :
Al Ghariya : initialement la région abritait un camp scout, c'est maintenant une destination appréciée des familles.
Dukhan est le centre de l'industrie pétrolière. La plage est belle, mais il faut s'équiper de sandales car les rochers peuvent être coupants.
Fuwairit : vous trouverez ici de petites criques idéales pour les pique-niques.
Maroona : cette plage sauvage baptisée « French beach » est un endroit parfait pour explorer les fonds marins.
Zekreet : proche de Dunkhan, vous pourrez aller visiter le fort de Zekreet et vous prélasser sur la plage de sable fin.
Sealine : rendez-vous au beach resort au sein duquel il est possible de passer la journée et profiter de la plage.
Simaisma : ici vous pourrez vous baigner et admirer les charmes de la mangrove.
Umm baab : la ville d'Umm Baab est célèbre pour la pêche et les chameaux. Elle dispose également d'une belle plage de sable fin.
Pour vous y rendre :
www.qatartourism.gov.qa/en-us/thingstodo/activities/beaches.aspx

Excursions touristiques

Que vous souhaitiez découvrir les joies du désert sans vous inquiéter de la logistique, voir le meilleur de Doha en quelques heures, faire une balade à dos de chameau ou à bord d'un bateau traditionnel (Dhow ou boutre), voici quelques compagnies qui pourront vous aider à organiser dans les meilleures conditions votre aventure.

ARABIAN ADVENTURES

Cette compagnie vous propose des tours classiques : journée et nuit dans le désert et balades à dos de chameaux.
L'organisation est très bonne et les prix compétitifs.
Tél. : (+974) 4436-1461
Site : **www.arabianadventureqatar.net**

QATAR INTERNATIONAL ADVENTURES

QIA vous offre en plus des tours classiques des tours originaux, comme une demi-journée consacrée aux sports aquatiques, une journée pêche, des sorties plongées, une journée découverte des Green du Qatar pour les amateurs de golf, et bien plus encore !
Avec plus de quinze ans d'expérience cette compagnie fera de votre journée un très bon souvenir.
Tél : +974 44553954
Site : **www.qia-qatar.com**

GULF ADVENTURES

Sorties nocturnes en Dhow, golf, camps dans le désert et en mer intérieure, là encore vous ne serez pas déçu par la qualité des prestations offertes.
Tél : +974 44221888
Site : **www.gulf-adventures.com**

Avec vos enfants

AIRES DE JEUX EXTÉRIEURES

Vous trouverez ici une sélection des parcs les plus agréables pour vos balades en famille.

Aqua Park

Vos enfants adoreront ce parc à thèmes qui propose plus d'une quinzaine d'attractions permettant de se rafraîchir durant la période estivale. Du toboggan géant à la piscine familiale, il y en a pour tous les goûts.

Le parc est fermé de fin novembre à début mars. Pour les horaires, reportez-vous à la page relative aux heures d'entrée du parc. Le vendredi est réservé aux familles et le mardi aux femmes. Durant cette journée spéciale ladies, ces dames pourront être accompagnées d'enfants de sexe masculin de moins de 1m20 et le personnel est exclusivement féminin.
Pour profiter de ses activités, les adultes doivent acquitter

la somme de 130 QAR. L'entrée s'élève à 85 QAR pour les enfants dont la taille est comprise entre 90 et 120 cm et 50 QAR pour le personnel de maison.
Salwa road, abu nakhla, exit 29
***Site :* www.aquaparkqatar.com**

Parc du Musée d'art islamique

Cet espace verdoyant offre aux visiteurs plusieurs aires de jeux dont une destinée aux plus petits.

Le parc se prête bien aux activités récréatives ou sportives : vélo, roller, skate-board, pique-nique en famille. Attention, les fins de semaine le parc est bondé.
***NB :* vous pouvez louer des vélos dans le parc.**

Parc près du Lycée Bonaparte

Ce petit parc très sympathique est situé à 2 minutes à pied du Lycée.

Vous y trouverez des aires de jeux pour petits et grands et des zones ombragées.

Parc Aspire

Ce vaste parc est situé derrière le centre commercial Hyatt Plaza.

L'endroit est idéal pour faire du vélo, du roller ou pique-niquer sous les arbres.

Sheraton Park

Un endroit parfait pour se relaxer et sortir les enfants.

Vous pourrez vous détendre dans l'herbe tandis que vos petits s'amuseront dans le bac à sable.

Dahl Al Hammam Park

Un lieu agréable pour toute la famille entre verdure et aires de jeux où il fait bon se détendre et profiter de l'espace.

Le parc est situé non loin du Landmark.

Al Rumaila Park

Ce parc qui longe la corniche est très fréquenté aux heures les moins chaudes.

Amateurs de fitness, jeunes parents et touristes s'y croisent et font de cet endroit un lieu bien sympathique.

Fareej Al Soudan Park

Le parc comprend de nombreux équipements qui devraient amuser vos enfants.

Il est situé non loin du Hamad Hospital, près d'Al Waab Street.

ZONES DE JEUX INTÉRIEURES

L'ensemble de ces parcs, à l'exception de l'espace loisirs d'Ikea, sont des zones payantes. Vous devrez acquérir une carte sur laquelle vous pourrez charger le montant souhaité. Ce précieux sésame permettra à vos enfants d'accéder à l'ensemble des attractions... avant de devoir la recharger.

Bon à savoir

CHAQUE PARC À SA PROPRE CARTE !
Celles-ci sont rechargeables, ne les jetez pas !

Jungle Zone, Hyatt Plaza

Sur deux étages, cette zone de jeux se trouve au cœur du centre commercial Hyatt Plaza.

Jeux vidéos, attractions, autos-tamponneuses, aires de jeux pour les plus petits, face-painting et bien plus encore agrémenteront la journée de vos enfants !
Ouverture : **du dimanche au mercredi de 12h à 22h, le jeudi de 12h à 23h, le vendredi de 13h à 23h et le samedi de 10h à 22h.**

Gondolania, Villagio Mall

Cette zone ludique est très adaptée aux ados.

Ils y trouveront de nombreux divertissements : patinoire, karting, bowling, auto-tamponneuses, jeux vidéo...
Ouverture : **du samedi au mercredi de 9h à 23h, les jeudis de 9h à minuit, et les vendredis de 13h à minuit.**
Tél. : 4403 9800
Site : **www.gondolania.com**

Al Khor Mall Amusement Center

Cette aire de jeux est équipée de constructions à étages, en mousse pour le plus grand plaisir des petits grimpeurs.

Nos enfants y trouveront de nombreuses attractions. L'idéal pour les 3 à 10 ans.
Ce centre est situé à Al Khor.
Ouverture : **de 10h à 23h la semaine et jusqu'à 1h du matin en fin de semaine.**

Circus Land, Landmark Mall

Conçue à la manière d'un cirque, cette zone de jeux dispose de

nombreuses attractions pour les enfants de moins de 12 ans :

château gonflable, carrousel, trampoline, auto-tamponneuses et plus encore !

Tarif d'entrée : 18 QAR
Ouverture : du samedi au jeudi de 9h à 22h, le vendredi de 14h à 23h.
Tél. : 4487 6111

Funville, Ezdan Mall

Au 1er étage de l'Ezdan mall ce parc de jeux est lui aussi destiné aux moins de 12 ans.

Tél. : +974 4479 6761
Site : http://funville.ae

Funday, The Mall

Ce centre destiné au moins de 12 ans, comprend deux aires de jeux, une pour les tout petits et une autre pour les plus grands.

Tél. : +974 4465-7969

Ray's Reef, Royal Doha Plaza

Sur le thème du monde marin, ce parc de jeu intérieur est très agréable pour les petits.

Les attractions sont destinées uniquement aux moins de 10 ans. Ici pas de système de carte mais des frais d'entrée s'élevant à 25 QAR par personne.

Ouverture : du samedi au jeudi de 11h30 à 22h, le vendredi de 15h30 à 23h
Tél. : 4413 1122

Ikea, Doha Festival City

Semblable à beaucoup de zones de jeux Ikéa, celle-ci accueille vos enfants, pour une heure, de 4 à 11 ans.

Tél. : +974 4406-2555

AMBASSADE DE BELGIQUE

Ambassadeur

SE Christophe Payot

Al Sanaa Street, District 64

(entre al Markhia et al Jamia Av.)

PO BOX 24418

Doha, Qatar

Tél. : +974 44 931 542

Tél. : +974 44 931 499

Tél. : +974 44 930 151

Numéro d'urgence en dehors des heures d'ouverture :

Tél. : +974 66 618 985

Email : doha@diplobel.fed.be

Site : www.diplomatie.belgium.be/qatar

AMBASSADE DU CANADA

Ambassadeur

SE Adrian Norfolk

Tour Tornado,

Coin entre Avenue Al Taawon et Avenue Al Funduq,

BP 24876,

Doha

Tél. : +974 44 199 000

Télécopie : + 974 44 199 035

Email : dohag@international.gc.ca

Site : www.canadainternational.gc.ca/qatar

AMBASSADE DE FRANCE

Ambassadeur

SE Éric Chevallier

West bay, Diplomatic area

Suivre la Corniche après le Sheraton

Po Box 2669,

Doha, Qatar

Tél. : +974 44 021 777

Télécopie : +974 44 021 701

En cas d'urgence : +974 66 84 50 83

Email : contact@ambafrance-qa.org

Site : www.ambafrance-qa.org

AMBASSADE DU LIBAN

Ambassadeur

SE Hassan Qassim Najem

Doha, West Bay

New diplomatic Area

Zone 66 - street no. 10

Building 55

Postal Address : 2411

Tél. : +974 44 933 330

Email : lebanondoha@hotmail.com

Site : www.facebook.com/EmbassyOfLebanonInQatar

AMBASSADE DE SUISSE

Ambassadeur

SE Martin Aeschbacher

Villa 60, Wadi al Humra Street 807

Area 66, Al Dafna

Doha, Qatar

Tél. : +974 40 203 400

Télécopie : +974 40 203 402

Email : doh.vertretung@eda.admin.ch

Site : www.eda.admin.ch/doha

HUKOOMI

Villa 60,
Wadi al Humra Street 807
Site : www.gov.qa

MINISTÈRE DE L'ENVIRONNEMENT

Site : www.moe.gov.qa

MINISTÈRE DE L'INTÉRIEUR

Site : www.moi.gov.qa

Éditions Phalente – 23, rue Jean-Jacques Rousseau – 75001 Paris

Achevé d'imprimer par Corlet Numérique - 14110 Condé-sur-Noireau
N° d'Imprimeur : 120978 - Dépôt légal : août 2015 - *Imprimé en France*